Pulte

La ley alemana de derecho laboral

Peter Pulte

La ley alemana de derecho laboral

La guía para la práctica

Dr. Peter Pulte
Catedrático en la universidad laboral de Gelsenkirchen

Verlag Personal, Recht, Management Ltd.

Bibliographische Information der deutschen Nationalbibliothek
Die Deutsche Nationalbibliothek verzeichnet diese Publikation in der Deutschen Nationalbibliographie; detaillierte bibliographische Daten sind im Internet über http://dnb.d-nb.de abrufbar.

Übersetzer

Lidia C. Martínez Lorente kam nach ihrer kaufmännischen Berufsausbildung in Spanien 1994 nach Deutschland, wo sie die deutsche Sprache erlernte und in mehreren internationalen Unternehmen tätig war, u. a. als Übersetzerin.
Seit 2005 erteilt sie sehr erfolgreich professionelle Spanisch-Nachhilfe für Schüler und Studenten.

Kay M. Haberfellner wuchs in seiner Jugend mehrere Jahre in Spanien auf, wo er eine internationale Schule besuchte und die Fremdsprachen Spanisch und Englisch erlernte.
Nach dem Abschluss seiner Berufsausbildung zum Industriekaufmann entschloss er sich für ein Studium des internationalen Wirtschaftsrechts, welches er 2009 erfolgreich abschließen wird.

Niederlassung Deutschland: Lindlaustr. 2a, 53842 Troisdorf

Umschlagskonzeption: Verlag Personal, Recht, Management Ltd.
Titelbild: © www.fotolia.de
Satz: Verlag Personal, Recht, Management Ltd.
Druck: Books on Demand GmbH, Norderstedt
Printed in Germany, September 2009

ISBN 978-3-941388-06-2

Prólogo

En el terreno de la ordenanza económica, el reglamento del derecho laboral tiene una sobresaliente importancia la cual se refiere a la posición de las personas en el mundo laboral de una manera muy especial.

El derecho laboral de hoy en dia se ha desarrollado al ritmo de la industrialización en el siglo XIX con el gran número de trabajadores empleados dependientes del derecho de contrato de servicio del BGB.

Se distinguió el que el contrato laboral se convirtiera en la base general de la relación laboral y por consecuencia de la sobre oferta de mano de obra eran las condiciones de trabajo muy malas. De esta manera el estado se vió inducido a legislar normativas de protección laboral y reglamentos para la seguridad social. Este desarrollo y reglamentos para la participación de los empleados continuó durante la República de Weimar. Durante el tiempo nacional socialista se detuvo este desarrollo y en vez de haber acuerdos colectivos entró el régimen autoritario: Los contratos colectivos fueron sustituídos por baremos tarifarios dictados por el estado y los sindicatos y las federaciones empresariales se eliminaron.

Después de 1945 siguieron desarrollándose en la república federal alemana los reglamentos anteriores del derecho laboral, metódica y sistemáticamente. Ésto es válido con relación a la participación empresarial y supraempresarial como también con relación a los derechos individuales del empleado.

Con el paso del tiempo tiempo se ha ido convirtiendo el derecho laboral, que era una parte del derecho civil, en una materia autónoma jurídica muy extensa.

Al derecho laboral se le califica a menudo como privilegio del empleado. Pero aquí se ha de tener en cuenta que no solamente se regula la parte que le concierne al empleado aunque éste esté reconocido como necesitado de protección mediante las leyes del derecho laboral en cualquier estado moderno. El derecho laboral abarca también el derecho de los intereses del empresario (protección contra perjuicios injustos de su libertad configuradora empresarial) y de esta manera es éste un derecho laboral para las dos partes.

En primer lugar el derecho laboral quiere representar y regular la organización y los intereses entre el empresario y el empleado (partidos que componen el derecho laboral).

Además sirve para proteger especialmente a todas las personas que trabajan independientemente. En el primer plano de la vida laboral están las personas con su prestación de trabajo.

La gran importancia del derecho laboral es el resultado de la relación personal de cada uno con sus deberes laborales y sociales.

En la siguiente representación del derecho laboral se prescindió de detallar problemas por motivos de claridad y comprensión así como también se prescindió de la jurisprudencia y de la bibliografía.

Índice

Lista de abreviaturas

§	**Párrafo** (Paragraph)
§§ / ff.	**El nombrado párrafo y los siguientes** (fort folgende)
Art.	**Artículo** (Artikel)
AEntG	**Ley de delegación de trabajadores** (Arbeitnehmer-Entsendegesetz)
AktG	**Ley de acciones** (Aktiengesetz)
AG	**Sociedad anónima** (Aktiengesellschaft)
AGG	**Derecho de igual trato** (Allgemeines Gleichbehandlungsgesetz)
ArbG	**Tribunal laboral** (Arbeitsgericht)
ArbGG	**Ley del tribunal laboral** (Arbeitsgerichtsgesetz)
ArbNErfG	**Ley reguladora de inventos del empleado** (Arbeitnehmererfindungsgesetz)
ArbPlSchG	**Ley de protección del puesto de trabajo** (Arbeitsplatzschutzgesetz
ArbSchG	Arbeitsschutzgesetz)
ArbStättV	**Ordenanza laboral del lugar de trabajo** (Arbeitsstättenverordnung)
ArbZG	**Ley del horario laboral** (Arbeitszeitgesetz)
ASiG	**Ley de seguridad laboral** (Arbeitssicherheitsgesetz)
AÜG	**Ley de cesión de trabajadores** (Arbeitnehmerüberlassungsgesetz)
BAG	**Tribunal federal de trabajo** (Bundesarbeitsgericht)
BBiG	**Ley de formación profesional** (Berufsbildungsgesetz)
BDSG	**Ley federal de protección de datos** (Bundesdatenschutzgesetz)
BEEG	Bundeselterngeld- und Elternzeitgesetz
BetrAVG	**Ley de mejora de la jubilación empresarial** (Gesetz zur Verbesserung der betrieblichen Altersversorgung)
BetrSichV	**Normativa sobre seguridad operativa** (Betriebssicherheitsverordnung)
BetrVG	**Ley constitutiva del jurado empresarial** (Betriebsverfassungsgesetz)
BGB	**Código civil** (Bürgerliches Gesetzbuch)

BPersVG	**Ley federal de representación del personal** (Bundespersonalvertretungsgesetz)
BR	**Comité empresarial** (Betriebsral)
BSeuchG	**Ley federal de protección contra epidermias** (Bundesseuchengesetz)
BUrlG	**Ley federal sobre la regulación de las vacaciones de los empleados** (Bundesurlaubsgesetz)
BZRG	**Ley federal del registro central** (Bundeszentralregistergesetz)
DrittelbG	**Ley de participación por tercios** (Drittelbeteiligungsgesetz)
DV	**El decreto de ejecución** (Durchführungsverordnung)
EBRG	**Ley para establecer comités empresariales europeos** (Gesetz über die Einrichtung Europäischer Betriebsräte)
EFZG	**Ley para seguir recibiendo la remuneración** (Entgeltfortzahlungsgesetz)
EStG	**Ley del impuesto sobre la renta** (Einkommensteuergesetz)
GBR	**Comité empresarial conjunto** (Gesamtbetriebsrat)
GenDG	**Ley de diagnóstico genético** (Gendiagnostikgesetz)
GG	**La constitución** (Grundgesetz)
GmbH	**Sociedad limitada** (Gesellschaft mit beschränkter Haftung)
GVG	**Ley de organización judicial** (Gerichtsverfassungsgesetz)
HAG	**Ley de trabajo a domicilio** (Heimarbeitsgesetz)
HGB	**Código de comercio** (Handelsgesetzbuch)
JArbSchG	**Ley de protección de trabajo a menores** (Jugendarbeitsschutzgesetz)
KBR	**Comité empresarial multinacional** (Konzernbetriebsrat)
KG	**Sociedad comanditaria** (Kommanditgesellschaft)
KSchG	**Ley de protección contra el despido** (Kündigungsschutzgesetz)
LadSchlG	**Ley sobre el cierre de comercios** (Ladenschlussgesetz)

LAG	**Tribunal provinvial de trabajo** (Landesarbeitsgericht)
MitbestG	**Ley de participación** (Mitbestimmungsgesetz)
MitbestErgG	**Ley completada de participación** (Mitbestimmungsergänzungsgesetz)
MontanMitbestG	**Ley de participación de los empleados de la industria siderúrgicia** (Montanmitbestimmungsgesetz)
MontanMitbestErgG	**Ley de participación de los empleados de la industria siderúrgicia completada** (Montanmitbestimmungsergänzungsgesetz)
MuSchG	**Ley de protección por maternidad** (Mutterschutzgesetz)
MuSchV	**Reglamento de protección por maternidad** (Mutterschutzverordnung)
NachwG	**Ley de justificación** (Nachweisgesetz)
OHG	**Sociedad colectiva** (Offene Handelsgesellschaft)
PflegeZG	**Ley de tiempo para cuidar a personas** (Pflegezeitgesetz)
RVO	**Ordenación del seguro del „Reich“** (Reichsversicherungsordnung)
SchwarbG	**Ley para la lucha contra el trabajo clandestino** (Gesetz zur Bekämpfung der Schwarzarbeit)
SGB III	**Código social (ley de formento laboral)** (Sozialgesetzbuch III (Arbeitsförderung))
SGB VII	**Código social (seguro de accidentes obligatorio)** (Sozialgesetzbuch VII (Gesetzliche Unfallversicherung))
SGB IX	**Código social (rehabilitacion y paticipación de personas discapacitadas** (Sozialgesetzbuch IX (Rehabilitation und Teilhabe behinderter Menschen))
SprAuG	**La ley del comité portavoz** (Sprecherausschussgesetz)
TVG	**Ley de contrato colectivo** (Tarifvertragsgesetz)
TzBfG	**Ley de tiempo parcial y fijación de plazo** (Teilzeit- und Befristungsgesetz)
UmwG	**Ley de transformación (de sociedades)** (Umwandlungsgesetz)

VermBG	**Ley de formación de capital** (Vermögensbildungsgesetz)
WO	**Ordenación electoral** (Wahlordnung)
ZPO	**La ley de enjuiciamiento civil** (Zivilprozessordnung)

1 La inclusión de la ley laboral

Las normas de la organización laboral se organizan de la siguiente manera: Por una parte el contrato de la ley laboral y por otra parte el derecho público (protección y administración laboral y derecho jurídico). Además existe el derecho de trabajo colectivo (régimen empresarial y derecho salarial) el cual forma una propia tercera categoría que se ordena entre el derecho laboral privado y el derecho laboral público.

La ley de derecho laboral se puede subdividir en tres sectores principales:

Derecho laboral individual	Derecho laboral colectivo	Derecho de protección laboral
Rige la relación laboral entre el empleado y el empresario.	Rige las relaciones de los grupos relevantes de la ley laboral entre ellos (la máxima autogestión social).	Rige la protección de la salud del empleado y exige condiciones mínimas de prevención.

La ley laboral individual engloba la parte que rige y relaciona al empresario con el empleado, como socios de contratos con acuerdos individuales.

La ley laboral colectiva contiene la parte de la ley laboral que rige las relaciones entre los sindicatos y las federaciones empresariales, así como las del comité empresarial y el empresario. A la ley colectiva le pertenece por otro lado la determinación del nivel empresarial y la ley del derecho salarial.

La ley laboral diferencia entre la protección de trabajo social y la protección técnica laboral y contiene normas para proteger al empleado.

La regulación de la protección de trabajo social se encuentra entre otras, en la protección laboral juvenil y en la ley de baja por maternidad.

Junto con los sectores indicados que rigen la ley laboral, se han completado la administración de derecho laboral y la jurisdicción laboral.

2 Fuentes jurídicas

Las fuentes jurídicas de la ley laboral son múltiples. Apenas se pueden controlar bajo una cifra ya que el número de normas legales es inmenso y no se ha llegado a regir como el derecho público o el derecho penal regido mediante una gran uniformidad de libros de código de leyes (un código civil no codificado).

Constitución

El catálogo de derechos fundamentales conlleva un reglamento muy importante para la vida laboral:

Art. 1, 2 Constitución	**Condiciones humanas, desarrollo libre de la personalidad**
Art. 3 Constitución	**Igualdad tanto para el hombre como para la mujer**
Art. 8 Constitución	**Reunirse libremente**
Art. 9 Constitución	**Libertad de coalición**
Art. 11 Constitución	**Libre circulación de trabajadores**
Art. 12 Constitución	**Libre elección de empleo**

El Art. 20 I, Art. 28 I GG (Constitución alemana) contiene aparte la decisión del estado social y de la constitución que extiende la legislación del estado al derecho laboral (Art. 74 nr. 12 GG).

Reglamento

Entre los muchos reglamentos, hay que destacar si se trata de normas obligatorias o de normas dispositivas. Aparte de las leyes de las comunidades existen las leyes del país que también rigen la ley laboral (p. ej.: la ley de la enseñanza durante un periodo vacacional y la regulación de los días festivos). Como cimiento de la ley laboral, dentro del derecho legal, hay que descatar en primer lugar el estatuto de derecho (p. ej.: seguridad del estatuto empresarial).

Jurisdicción

Aunque este gran abanico de reglamentos jurídicos son una amplitud de las secciones de la ley laboral, p. ej.: la responsabilidad del empleado y el derecho a luchar por el trabajo, legalmente no está regulado. Aquí conlleva la jurisdicción una gran importancia.

Contratos colectivos

Para la ley laboral, además de las leyes y el estatuto legal, son muy importantes los contratos colectivos.

Como efluvio de los contratos colectivos de la ley laboral, están los contratos salariales determinados por los interlocutores sociales, que se pueden acordar como normas de derecho autónomas.

A nivel empresarial entran en vigor los acuerdos empresariales como contratos colectivos, que se definen por el empresario y el comité empresarial por medio de acuerdos escritos (§ 77 BetrVG, § 28 SprAuG).

Ejercicio empresarial

Otra fuente jurídica es el ejercicio empresarial, que en muchas ocasiones se vé como derecho constitudinario (derecho rutinario (Gewohnheitsrecht)), éste se basa en el contínuo y uniforme comportamiento del empresario que se justifica con aspiraciones de cara al futuro. Este principio fué aprobado por la jurisdicción conjuntamente con p. ej.: la gratificación navideña, que fué concedida por un empresario durante 3 años sin derecho de reserva.

Contratos de trabajo individuales

Mientras que la ley o otro reglamento colectivo no se pongan en contra, se quedan como fuente juridica, los contratos de trabajo individuales con sus individuales acuerdos entre el empresario y el empleado.

Derecho europeo

El derecho europeo llega a tener una gran importancia. Así, se pueden desarrollar las normas de los contratos de la Comunidad Europea (CE) en contratos individuales de trabajo con efecto inmediato.

Esto es válido sobre todo para el Art. 39 (libre circulación de trabajadores) y el Art. 141 (igualdad de salarios para hombres y mujeres), contrato de la CE.

Las leyes de la Comunidad Europea (estatutos y normas de orientación), así como la jurisdicción del tribunal europeo (TJCE) tienen influencia directa sobre la ley laboral y son de más valor que las leyes nacionales.

El estatuto reglamentario tiene un efecto directo y obligatorio y no necesitan ninguna transformación en la ley nacional. Las normas de orientación no son un derecho directo pero el estado nacional sí está obligado, con respecto a sus metas, a transformarlas.

En la jurisdicción de TJCE, se llega a conseguir un enlace solo para las partidos, p. ej. el juzgado representante en cada caso individual. En la práctica, se orientan los juzgados subordenados a la jurisdicción de TJCE. El derecho europeo sigue sobre todo las normas del derecho intraestatal.

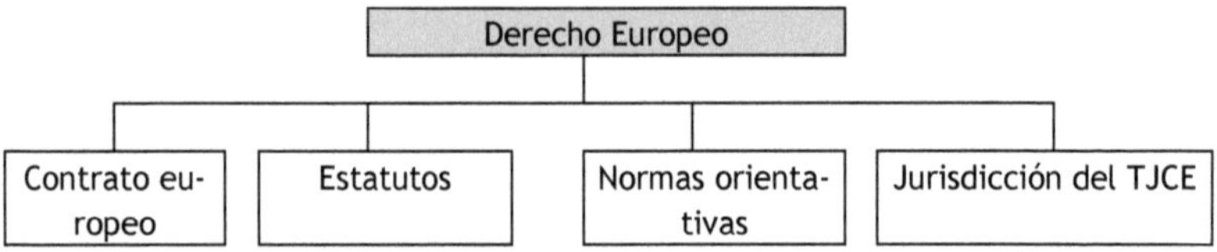

Estructura del rango de la ley laboral

No todas las fuentes jurídicas individuales tienen entre ellas el mismo rango, las que tiene mayor valor se ponen en primer lugar así como la más especial se pone delante de lo común.

El ya nombrado principio según rango (Rangprinzip) lleva a resultados inadecuados cuando la regla de menos rango es para el empleado mejor que la de mayor rango.

Ejemplo:
El mínimo de vacaciones por ley es de 24 dias laborables; por acuerdo tarifario en el contrato se han establecido 30 dias laborables.

Aquí se hace válido el así llamado „principio favorable" lo que quiere decir que la norma de menor importancia se pone en funcionamiento cuando es favorable para el empleado. Esto no debe de tratarse de normas obligatorias de la ley que no admite excepciones. Una distinta manera de ver las cosas como en la así llamada „Rosinentheorie" (principio favorable) lo que significa que no se puede combinar siempre el mejor beneficio de las leyes laborales ya que no es admitible, al igual que la aplicación de cada uno de los reglamentos más favorables de un complejo de normas.

Ejemplo:
El empleado no puede combinar el periodo más largo de vacaciones del contrato tarifario con la paga extra vacacional más alta que se acordó en el contrato individual

Si aparecen competencias entre los mismos rangos, cuando por ejemplo existen dos normas legales, se aplica el principio de conformidad, por lo que la normativa especial tiene más valor que la normativa general.

Ejemplo:
Regulaciòn del tiempo laboral según la ley del tiempo laboral y la ley de protección del menor.

La estructura del rango de la ley laboral

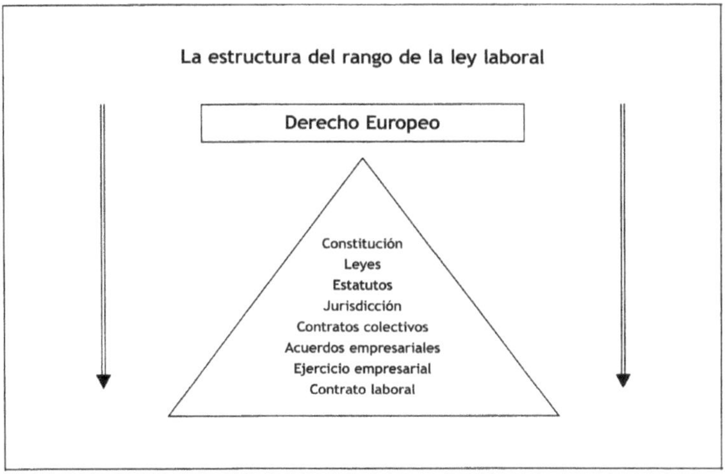

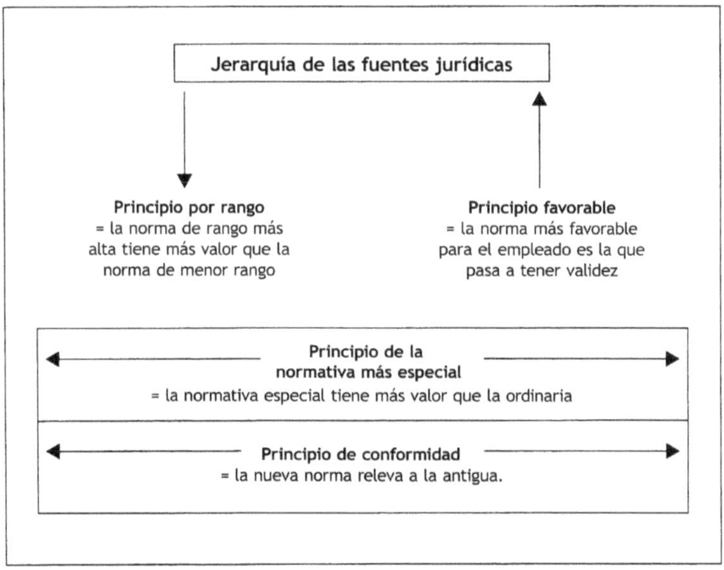

3 Partidos del contrato de trabajo individual

Los partidos que forman el contrato de trabajo individual son el empresario y el empleado. Esta relación contractual esta regulada en el codigo civil (§§ 611 y en las páginas consecutivas BGB). Las determinaciones sobre el contrato de servicio se aplican sobre todas las relaciónes laborales, en caso de que no hayan determinaciones especiales que tengan prioridad por leyes especiales. Aquí se trata de dos partidos, uno el que tiene obligación a prestar el servicio y el otro, el que tiene derecho a recibirlo.

3.1 El empresario

Emresario es quién (= persona fisica o persona juridica) emplea al menos a un empleado. El empresario es acreedor del derecho de prestación de trabajo y a la vez acreedor de la remuneración. Una posición similar a la del empresario es la que tienen miembros de la junta directiva de una Sociedad Anónima (S.A.) o gerentes de una Sociedad Limitada (S.L.), los que tienen funciones similares a las de un empresario.

3.2 La empresa - La compañía

La empresa es la unidad organizativa, dentro de la cual un solo empresario o en comùnidad con sus empleados y con la ayuda de los medios técnicos y otros, sigue sus objectivos. La empresa por consiguiente es la unidad de producción, a la que se refieren las regulaciones del derecho laboral. Se entiende que bajo una sección de la empresa hay secciones depentientes limitadas.

La compañia por otro lado, es la parte organizada que toma partido en la vida económica que le es adjudicada a la empresa. A diferencia de la compañía, la empresa no señala generalmente la finalidad económica si no que la manera técnica de trabajar se hace conjuntamente y organizadamente dentro de la empresa compartiendo oficinas.

Una compañía puede tener varias empresas; por lo contrario, también pueden crear varias compañías una empresa. Si se llegan a asociar varias compañías entonces estamos hablando de una multinacional.

3.3 El empleado

El criterio determinante para que existan las propiedades del empleado son las instrucciones del empresario sobre las actividades a seguir a las que el empleado, privadamente, se ha de atener. En caso de duda, es importante observar si el empleado, durante su tiempo de trabajo, realiza el trabajo encomendado y si sigue las instrucciones del empresario a las que se tiene que someter.

Ejemplo:
El representante comisionario en derecho mercantil, se organiza su tiempo libremente, lo que así llamamos manufacturero (Gewerbetreibender), o sea, que no es un empleado, lo contrario a un representante que es empleado (§ 84 del código de comercio).

Los empleados que son así mismo directivos, son trabajadores para los cuales las funciones a seguir son, parcial o totalmente, las que sigue un empresario. De esto puede surgir una diferencia de intereses entre él y los empleados restantes por lo que se dan particularidades en la posición del directivo. Para la asignación de los propios empleados no es determinante la calificación (tampoco en el contrato laboral), si no, la relación entre la excepción de cada caso.

Con referencia a la relación laboral, existen para los dirigentes las siguientes particularidades:

- Su relación laboral se puede disolver más facilmente (§ 14 KSchG);
- Tienen el deber de representar y defender ante todo los intereses del empresario;
- Normalmente, les será encomendado un mayor rendimiento de trabajo, de manera que tampoco sea normal pargarles horas extras;
- Pueden optar por representar sus propios intereses, bajo condiciones especiales (comité empresarial) (§ 1 ley de comité empresarial (SprAuG);
- Ellos están representados por la ley de de participación de 1976 por su propio representante en el consejo de administración (§ 15 II 1976 MitbestG);
- Ellos no serán representados por el comité empresarial (§ 5 III BetrVG);
- Solo podrán ser activos como magistrados no retribuídos por parte del empresario (§ 22 II de la ley del empresario (ArbGG));
- No estan sujetos a determinaciones de la ley del horario de trabajo (§ 22 II ley del horario laboral (ArbGG)).

3.4 Personas parecidas al empleado

Las personas „parecidas al empleado“ (“arbeitnehmerähnlich”), son las que están pendientes de otros económicamente aunque no personalmente (por ejem.: empleados que trabajan desde casa). Este grupo de personas son, aunque en diferentes aspectos, igual que un empleado. Evidentemente no se pueden utilizar toda la gama de normas de protección de la ley laboral, si no sólo aquellas que se extienden en el área de seguridad como persona parecida al empleado (se comparan los § 2 BUrlG; § 12a TVG; § 5 I ArbGG; § 7 I Nr. 3 PflegZG).

3.5 Trabajadores libres

Los trabajadores libres son los que no dependen de alguien privadamente debido a un contrato de servicio (§ 611 código civil (BGB)). Para esta relación laboral de los trabajadores libres no se puede hacer uso de la ley laboral. Al que tiene derecho a recibir el servicio no le afectan las obligaciones que por lo contrario corresponden al empresario. El que tiene derecho a recibir el servicio no se puede acoger a la protección que normalmente le corresponde a los empleados.

De hasta donde llega a ser un trabajador libre, un trabajador obligado a prestar servicio, depende de lo que se haya acordado. En principio, un trabajador libre sólo es aquel que carga con el riesgo económico empresarial de su propio rendimiento y que por lo menos se quede con el poder de disposición sobre su propia mano de obra. El trabajador libre tiene que ser independiente ante las instrucciones de su companero de contrato a la hora de configurar el trabajo, el sitio y el tiempo de presatación de rendimiento.

4 El contrato laboral

El contrato laboral (§ 611 ff. BGB) es un cambio de servicios al que las dos partes se tiene que atener según lo que se indique en el contrato. Este contrato es privado, legal, obligatorio y jurídico. Él, obliga a una parte a prestar un servicio y a la otra parte a otorgar la cantidad de dinero acordada. El contrato de trabajo es una subespecie del contrato de servicios. Por lo contrario a otros contratos de obligaciones (p. ej.: alquiler, compra, contrato de obra) no se les agobia con cambios de valor de rendimiento, si no que se establece una relación comunitaria dirigida legalmente a las personas. Esta es caracterizada mediante una fidelidad legal por ambas partes, conocida para la parte del empresario como "obligación de asistencia" (Fürsorgepflicht).

4.1 Contrato laboral y relación laboral

El contrato laboral y la relación laboral se diferencian porque el contrato laboral expone únicamente el acto fundador mediante el cual el empleado se obliga a rendir su trabajo al servicio del empresario. La relación laboral es por diferencia la relación jurídica que existe entre las dos partes que forman el contrato.

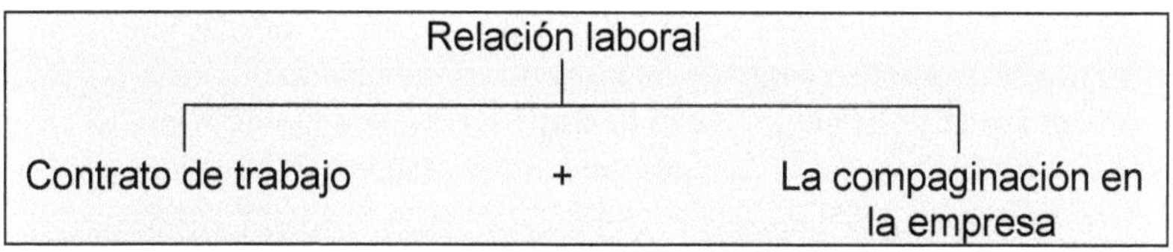

La relación laboral es un ligamento personal jurídico entre el empresario y el empleado, en el que el empleado llega a ser un trabajador del orden expuesto en la empresa (teoría de incorporación (Eingliederungstheorie)).

4.2 Fundación del contrato laboral

Antes de dar por terminado un contrato laboral hay que tener en cuenta una serie de particularidades.

4.2.1 Inicio del contrato

La oficina de empleo (el INEM) es un importante intermediador a la hora de buscar trabajo. Aparte también se puede contratar la intermediación de otras personas, tanto por parte del empresario como del trabajador.

Con frecuencia se busca mediante anuncios de trabajo al empleado correcto para la empresa. Los anuncios de trabajo que se hacen internamente en la empresa se deben incluir tanto para mujeres como para hombres, o sea, neutralmente en lo que concierne al aspecto sexual; También con referencia a la afiliación étnica, religión o la manera de ver el mundo. Imponer edad así como orientación sexual es por lo general inadmitible a la hora de hacer anuncios de trabajo. La oferta debe de ser formulada sin discriminación alguna con respecto a estos aspectos físicos.

Si el puesto de trabajo fuera adecuado para personas con discapacidad física, la empresa debe de informar a la oficina de empleo (§ S1 I SGBIX). El empresario debe además de guardar en buen estado el curriculum y documentos de presentación y si el puesto de trabajo no fuera adjudicado debe de devolver estos documentos (§ 985 BGB) y si hubo un formulario de preguntas lo ha de destruir (§ 1004 BGB), aparte de que debe de guardar silencio sobre la información ofrecida.

Respecto a la entrevista de trabajo, el empresario le puede hacer al empleado preguntas como:

- Virtudes y capacidad profesional;
- Objetivos en la carrera profesional;
- Notas de estudios;
- Nivel de salud, si es que de verdad existiera interés de trabajar juntos;
- Informe actual de embargo de nómina, por si lo hubiera;
- Antecedentes policiales, si fuera de importancia para el futuro empleo;
- Si tiene prohibido hacer competencia a otra empresa del mismo sector por un tiempo limitado (existe a veces el caso de que el empleado acabe de darse de baja en una empresa y tiene prohibido irse a otra del mismo sector directamente. Para poder hacer esto, este trabajador tendría que esperar el tiempo que se haya acordado con la otra empresa);
- Minusvalía grave.

Preguntas por lo general inadecuadas:

- Intenciones de casamiento en un futuro próximo;
- Pertenencia a alguna organización o religión;
- Pertenencia de bienes;
- Embarazo.

Revisiones médicas y tests psicológicos sólo se pueden llevar a cabo si existe una normativa reguladora y en casos especiales (p. ej.: § 32 JArbSchG) o contando con la expresa conformidad del entrevistado.

El empresario no tiene en ningún caso el derecho a exigir el ver resultados genéticos o analíticos con excusa o sin ella, antes de, o después de haber empleado al entrevistado (§ 23 GenDG). El empresario tampoco debe de hacer promesas falsas que puedan llevar al entrevistado a darse de baja en la empresa en la que todavía está empleado.

Por esto, en casos extremos, puede obligarse a cada parte a exponer claramente circunstancias esenciales para la posible relación laboral.

Ejemplo:
Según qué limitaciones físicas pueden llevar a incapacidad de pago por parte del empresario.

4.2.2 Formalización del contrato

El contrato de trabajo llega a tener lugar, como cualquier otro contrato legal de obligación (§§ 145 ff. BGB), por propuesta y aceptación. Con la formalización del contrato se formalizan y se estipulan voluntades, teniendo en cuenta que al estipular voluntades se entiende que se mantiene el comportamiento jurídico de la empresa, ya sea de palabra o por escrito. Lo que no es necesario, es que por medio de la estipulación de voluntades de las dos partes, todos los derechos a seguir se regulen, ya que por ahora, se pueden reestructurar diversos acuerdos colectivos y relaciones legales. Si hubiera algún desacuerdo sobre alguna parte del contrato y no se pudiera deducir de las circunstancias, el contrato no se formalizaría.

4.2.3 Libertad contractual

La formalización del contrato laboral está sujeta, con limitaciones, a las reglas del contrato libre, de las cuales, algunas aparentemente constituyen la formalización y configuración de la libertad de suspensión (§ 105 GewO).

La libertad de formalización concede a los componentes la libre decisión de si quieren llevar a cabo un contrato juntos (Art. 12 GG). La libertad para elegir al compañero de contrato es parte de la formalización del contrato laboral. La configuración del contrato, dá a las dos partes la posibilidad de regular libremente el contenido del contrato laboral dentro de las fronteras legales. Éste, no debe infringir las buenas costumbres ni ser usurero y no debe conculcar las reglas de protección accidental del JArbSchG etc... (p.ej. §§ 134, 138, 242, 618 BGB).

La libertad de forma (Formfreiheit) dice que un contrato laboral puede tener validez tanto vocalmente como por escrito. En algunos casos, la ley dicta que el contrato tarifario debe de ser por escrito. Una excedencia de los principios de la así llamada formación libre, se rige según el § 74 HGB por la claúsula de competencia, mediante la cual, el empleado declara por escrito la prohibición de ejercer como competencia, durante el tiempo estipulado, que tiene lugar después de haber concluido el contrato. La fijación del plazo también ha de ser estipulada por escrito (§ 14 IV TzBfG).

La libertad de anulación significa que también existe la liberación de contratos cerrados.

Si el contrato laboral no ha sido cerrado por escrito, el empresario está obligado a entregar un escrito formulando las condiciones laborales y la relación laboral esencial acordada, cuatro semanas después de haber comenzado el contrato laboral (§. 2 NachwG). Si hubiera alguna modificación en las condiciones esenciales del contrato, éstas deben de ser comunicadas por escrito al empleado como mínimo un mes después de haber sido modificadas (§ 3 NachwG).

El NachwG es válido para todos los empleados a excepción de cuando sean sólo empleados de prestación de apoyo como máximo un mes. Para trabajadores prestados y aprendices existe otro reglamento (§ 11 AÜG, § 4 BBiG).

Excepciones en referencia a la libertad de finalización existen en los casos siguientes:

Inválidos: El empresario que tiene más de 20 puestos de trabajo, está obligado a ofrecer como mínimo 5% de los puestos de trabajo a minusválidos (§ 71 I SGB IX). Por cada puesto no cubierto, el empresario tiene que pagar una compensación (§ 77 SGB IX). La discriminación de las personas minusválidas la rige el § 81 SGB IX.

Igual trato: El empresario no puede negar generalmente un puesto de trabajo por razones de raza, procedencia étnica, sexo, opinión religiosa o social, una minusvalía, edad o inclinación sexual; A no ser que estos rasgos sean de gran importancia a la hora de desarrollar la actividad deseada.

Pertenecientes a la Comunidad Europea (CE): Los pertenecientes a la Comunidad Europea no pueden ser más desventajados que el pueblo alemán a la hora de buscar una relación laboral (Art. 39 contrato CE).

Servicio público: La constitución dice que cada persona alemana, según sus actitudes y capacidades, tiene el mismo acceso a los organismos públicos. Ésto también tiene vigencia, con pocas excepciones, para los pertenecientes a la Comunidad Europea.

Formalización de prohibición: Está prohibido emplear a según qué personas, como a las que tienen graves antecedentes penales, aprendices o a personas custodiadas (§ 25 JArbSchG; § 28 ff. BBiG).

4.2.4 Contenido de la relación laboral

La libertad de configuración dá a las dos partes la posibilidad de regular el contenido del contrato laboral siempre que sea dentro de las fronteras permitidas (incluídos los contratos colectivos y los acuerdos empresariales). El control del contenido del contrato realizado por el empresario está considerado en las particularidades de la ley laboral (§ 310 IV BGB).

4.2.5 Condiciones mínimas laborales

Las condiciones mínimas laborales (salario mínimo y otras condiciones laborales) pueden ser regularizadas mediante el ministro federal de trabajo y orden social en base a las leyes sobre condiciones mínimas laborales, pero ésto solo cuando no hay sindicatos y asociaciones de empresarios con relación al sector económico, o si solo son unas pocas personas las que están organizadas no es posible un reglamento mediante contratos colectivos normales o la determinación para la satisfacción de las necesidades sociales y económicas que el empleado necesita.

Hasta el momento todavía no están legisladas las condiciones mínimas laborales. La ley sobre las condiciones mínimas laborales debe de ser modernizada.

4.3 Obligaciones del trabajador

Como en cualquier otro contrato, en la relación laboral existen derechos y obligaciones que dependen de ellos mismos:

Obligaciones de la relación laboral	
Empleado	**Empresario**
Prestación de trabajo	Pago del salario
Obligación de fidelidad a la empresa	Obligación de dar ocupación
	Obligación de asistencia / prevención

4.3.1 La prestación de trabajo

Según el § 613 BGB, el que está obligado a prestar servicio tiene indudablemente que prestar sus servicios personalmente, una representación, como permitido en casi todos los demás contratos, está prohibida. Las prestaciones de trabajo del empleado le son concedidas personalmente al empresario pues él trabajador no debe concederle generalmente estas prestaciones a otro empresario (§ 613 BGB).

El contenido de la obligación de servicios (obligacion de trabajo), se regula según las leyes obligatorias, las normas de los acuerdos empresariales pertinentes, los acuerdos de las dos partes y posiblemente del ejercicio empresarial. Debido a esto, se detalla más de cerca el contenido por el tipo, el lugar y el rendimiento de trabajo. El tipo y el contenido del contrato se determina normalmente por la calificación por la cual se emplea al trabajador. Aparte hay que deducir qué es lo que se le puede exigir al empleado. Si no se llega a un acuerdo, se concretarán las obligaciones de trabajo (§ 106 GewO) por medio de los derechos de la dirección del empresario, lo que conlleva el derecho a formar una obligación de trabajo mediante instrucciones unidireccionales.

Aquí hay que desconectar la mala opinión del empresario (§ 315 BGB) , lo que significa que la práctica debe de ser bajo la ponderación de defender por una parte los intereses del empleado y por otra parte los interes de la empresa.
Si la prestación de trabajo solamente está estipulada de manera generalizada (p. ej.: ayudante de oficina o ayudante), el empleado debe realizar cualquier trabajo que se le imponga, que sea esperado a la hora del cierre del contrato. Cuanto más expecificada esté la labor en el contrato laboral, más limitadas están las instrucciones del empresario a la hora de mandar a hacer trabajos individuales; En este caso no se puede asignar otro trabajo peor pagado a no ser que ésto también se especifique en el contrato laboral.

4.3.2 El tiempo laboral

El tiempo laboral se estipula por medio del contrato colectivo, por el empresario y por las leyes de protección (ArbZG, JArbSchG, MuSchG). La protección del tiempo laboral está sobre todo regulada en la ley del tiempo laboral que contiene el reglamento legal sobre el máximo tiempo de trabajo diario (§ 3 ArbZG), pausas y tiempo libre diario después del tiempo de trabajo (§ 4, 5 ArbZG) y además, domingos y dias de fiesta (§ 9 ArbZG). Hay que tener también en cuenta las JArbSchG y las MuSchG. Lo que regula la pregunta: durante cuánto tiempo y cuántos días a la semana debe de trabajar el empleado está escrito por lo contrario legalmente en el límite de los contratos colectivos, acuerdos empresariales y el contrato laboral.

Según el art. 18 ArbZG la ley del tiempo laboral existe para todos los empleados mayores de 18 años con excepción de los empleados dirigentes, según dicta el § 5 III BetrVG.

La ley del tiempo laboral detalla por norma general las 8 horas de trabajo diario. De todas maneras, el tiempo laboral puede llegar a ser requerido hasta de 10 horas, hasta un intervalo de 6 meses (24 semanas) si es que a otros dias se les rebaja el tiempo de trabajo, de manera que el tiempo laboral en realidad no sobrepase las 8 horas diarias. Como compensación, también existe la posibilidad de dar al empleado dias libres, por ej. en una semana de 5 dias laborables, tener el sábado libre (§ 3 ArbZG).

Al tiempo laboral que sobrepase las 6 horas hay que adjudicarle una pausa de 30 minutos y si se sobrepasan las 9 horas, corresponden 45 minutos de pausa (§ 4 ArbZG). El tiempo mínimo de pausa se puede dividir en varias pausas cortas pero para ésto tiene que durar la pausa mas corta por lo menos 15 minutos. Ningún empleado debe de trabajar más de 6 horas sin haber tenido una pausa. Después de haber finalizado el tiempo laboral, hay que otorgarle al empleado un descanso sin interrupciones de 11 horas. Para los empleados que trabajan por la noche, entre las 23:00 h. y las 06:00 h., hay reglamentos especiales de protección (§ 6 ArbZG).

El mantener ocupados a los empleados los domingos y dias de fiesta no está normalmente permitido a excepción de algunos casos (§ 9 ArbZG). De todos modos pueden haber acuerdos en los contratos colectivos o acuerdos empresariales en referencia a esto (§ 12 ArbZG).

4.3.3 Horas extras

Las horas extras son una prestación extra del empleado las cuales están reguladas por medio del contrato individual, contrato coelctivo o convenios empresariales, lo que llevará a la repartición del trabajo. Si no existe acuerdo explícito alguno, el empleado está entonces en algunos casos obligado a prestar horas extras. Aquí tienen mucha importancia las empresas que no tienen ningún ligamento a tarifas y que no disponen de comité empresarial; En estos casos tiene que estar la prestación de horas extras por parte del trabajador explícitamente expecificada y regulada en el contrato laboral, si no, el empresario no está autorizado a ordenar hacer horas extras al empleado.

En referencia a esto existen ciertas limitaciones:

- Las horas extras no pueden ser a menudo encomendadas en gran cantidad además del tiempo laboral acordado;
- Hay que tener en cuenta las limitaciones del tiempo laboral para algunos grupos de personas como por ejemplo: jóvenes, mujeres embarazadas y madres.;
- Cada una de las ordenanzas para prestar horas extras están sujetas a la admisión por parte del comité empresarial (§ 87 I Nr. 2 BetrVG). Esto también es válido en caso de tener prisa o cuando sea el empleado el que acceda a prestar horas extras.

Las horas extras deben de ser pagadas o compensadas con dias libres. El ArbZG se limita a las tarifas de régimen abierto que rigen la regulación de la compensación del tiempo. Normalmente se ha de pagar lo mismo por horas extras que por tiempo de trabajo normal; otros pagos extras también pueden estar acordados en el contrato laboral o colectivo; De aquí pueden aparecer exigencias porque hay empresas en las que estos pagos son normales (caso normal).

En casos de emergencia y excepciones, hay que prestar las horas extras a la empresa, a no ser que hayan por en medio intereses primordiales por los que el empleado no pueda prestar este servicio (p.ej.: mantener su salud o por razones urgentes familiares). Generalmente las horas extras sólo están permitidas según lo que diga la ley de tiempo laboral por lo tanto las horas extras pueden ser denegadas.

4.3.4 Lugar de trabajo

Referente al lugar de la prestación de servicios, entra en vigencia lo mismo que para el modo y el contenido de los servicios. Puede aparecer un problema importante si se tuviera que hablar de traslados. Normalmente se admiten traslados a otros lugares si fuera de gran necesidad para la empresa, siempre que la actividad a realizar sea la misma y siempre y cuando no se reduzca el sueldo y hayan buenos motivos, o sea, siempre que proceda y sea necesario. Los traslados a otra empresa son admisibles ilimitadamente pero en este caso debe de ser para el trabajador un cambio razonable (p. ej.: en la misma zona o ciudad).

4.3.5 Obligación de fidelidad

Como cualquier relación jurídica, la norma general de la relación laboral se basa en la creencia y en la fidelidad (§ 242 BGB). A partir de aquí, vive interiormente en el empleado una relación laboral dirigida a las personas con relaciones en común, dentro de los cuales está el proteger los intereses de la empresa y al mismo tiempo realizar los servicios. Esto significa dejar todo lo que pudiera perjudicar a estos intereses, por parte suya o por medio de un tercero y hacer todo lo posible para prevenir este peligro. La obligación de fidelidad vá más allá del deber laboral y forma la parte ideal de la relación laboral.

El contenido de la obligación de fidelidad se rige según las circunstancias de la relación laboral y de las costumbres. Existe el principio de que: cuanto más cercana sea la unión de los partidos y la relación de confianza existente que sea creada, más gravemente se perjudica al otro partido en caso de violación de la relación.

Ejemplo de obligación de fidelidad:

- No hacer competencia
- Tratar correctamente el material de la empresa
- No dejarse sobornar
- No perjudicar la paz de la empresa

4.3.6 Empleo accesorio (un segundo empleo)

Normalmente el trabajador puede tener más de un puesto de trabajo siempre que los horarios de trabajo no se entrecrucen.

Las condiciones son:

- Que no se le haga la competencia al empresario para el que se trabaja;
- Que no disminuya la capacidad para realizar el trabajo encomendado;
- Que no se sobrepasen los horarios laborales legalmente regulados.

4.3.7 Obligación de silencio

La obligación de silencio por parte del empleado engloba:

- Hechos o cosas que tengan que ver con la empresa que solo deba de saber un grupo reducido y elegido de personas y, o bien por voluntad del empresario o bien porque sea necesario para el éxito de la empresa no deban de saberse fuera del grupo elegido (p. ej.: balances o listas de precios de clientes...)
- Circunstancias personales o conducta del empresario, si se vieran perjudicados sus negocios por haberlo hecho público o se viera indignado por la opinión pública.

Si porque el empleado no se atuviera a su deber de silencio hubiera algún problema, el empleado se vería obligado a indemnizar al empresario al igual que el empleado podría ser despedido.

Al violar la obligación del silencio jurídico laboral, puede ser que también se viole la obligación del silencio del derecho penal (§ 17 UWG), esto se puede multar con prisión de hasta tres años o con una multa monetaria.

4.3.8 Prohibición de competencia

Durante la relación laboral, el empleado tiene que dejar de lado cualquier manera de hacer competencia a su empresa. La prohibición de trabajar para la competencia después de haber finalizado la relación laboral ha de haber sido estipulada con anterioridad (§ 110 GewO) y puede durar como mucho 2 años.

4.3.9 Obligación de asistencia y protección

Todos los empleados deben de comportarse de manera adecuada para mantener su seguridad y deben de hacer caso al empresario para mantener el nivel de seguridad en la empresa.

4.4 Obligaciones del empresario

4.4.1 Obligación de pago

La obligación más importante del empresario es pagar el salario al empleado. El lugar para desempeñar el trabajo es la empresa. La caducidad del pago tiene lugar al final del tiempo que se haya estipulado como rige el § 614 BGB, p.ej.: si se ha de pagar mensualmente, éste pago tendrá lugar el último dia del mes siempre que no se haya estipulado otra cosa (como lo acordado en el contrato individual o colectivo).

La suma del sueldo se rige por el contrato colectivo pertinente (en caso de unión colectiva o unión general del contrato colectivo), si no, se rigiría por el acuerdo del contrato individual. Si le faltara a estos contratos colectivos o individuales expecificar la base salarial, se pagará el salario según la costumbre local (§ 612 BGB).

El empresario está obligado a entregarle al empleado una nómina con todos los detalles del pago (§ 108 GewO).

4.4.2 Seguridad salarial

Para una seguridad salarial tienen que existir una protección contra el embargo y la prohibición de cesión.

Si llegara el caso de que el empleado tuviera compromisos financieros a los que no pudiera hacer frente, el acreedor puede en según qué casos embargarle una parte de su sueldo (resolución judicial ejecutoria). Algunas pertenencias del empleado no se pueden embargar, o solo en según qué casos (§ 850b ZPO) (extra de pelegrosidad, prima de trabajos sucios) . La parte de la nómina que no se puede descontar en un embargo, el empleado no la puede ceder a otra persona (§ 400 BGB) así como tampoco la puede utilizar como contracrédito (§ 394 BGB).

4.4.3 Obligación de dar ocupación

El empleado no sólo está obligado a trabajar si no que tiene el derecho a ser ocupado. El empresario no puede suspenderle del trabajo de manera que él no pueda rendir trabajo por el hecho de que el empresario no le dé ocupación. Una liberación del trabajo, continuando con el pago salarial, sólo es admisible a corto plazo si el empleado no se declara conforme.

Respecto a las personas minusválidas es reglamentario el ocuparlas de manera que sus conocimientos y facultades puedan ser en gran parte utilizadas y así mismo desarrolladas (§ 81 IV SGB IX).

4.4.4 Igual trato (Igualdad)

Según el § 3 II GG está prohibido tratar a las personas de manera distinta debido a su sexo, procedencia, raza, idioma, creencias, opinión religiosa o social o minusvalía. Esta prohibición conlleva perjuicios de manera directa o indirecta, siempre que no existan reglas explícitas obligatorias (p.ej.: protección por maternidad). La organización de esta norma actúa de manera prioritaria como medio de defensa frente al estado, también se desarrolla sobre las claúsulas generales y otras interpretaciones de términos jurídicos para los necesitados los así llamados "derechos fundamentales" (Drittwirkung) para el tráfico de derecho privado.

Así lo prohibe el principio de la ley de igualdad del derecho laboral, no se puede extraer a empleados individuales o a grupos de empleados sin ningún motivo objetivo de ser los beneficiarios de reglamentos generales y tratarlos de peor manera que a otros empleados que estén en la misma situación. El favorecer a empleados individuales está por lo contrario permitido.

Por medio de la ley de igualdad (AGG), está mucho mas regualdo desde el año 2006 el que nadie sienta perjudicado o molestado por su raza, procedencia étnica, sexo, opinión religiosa o social, una minusvalía, edad o orientación sexual (§ 1 AGG). Aquí, la ley conlleva perjuicios directos como indirectos (§ 3 AGG). También conlleva perjuicios en relación a uno de los criterios legales protegidos y mediante un comportamiento no deseado logra que la dignidad de las personas no se vea afectada o intimidada. Una de las molestias prohibidas por la AGG existe en el momento en que algún comportamiento sexual no sea deseado. Sexual o lo relacionado con la sexualidad es todo comportamiento que tenga referencia con actos sexuales en general (§ 3 AGG).

El AGG conlleva todas las secciones del derecho laboral a excepción de las bajas voluntarias. Los trabajadores tienen el derecho a quejarse y en según qué circunstancias tienen el derecho a denegar el servicio si se le tratara desigualmente (§ 13, 14 AGG). Los perjuicios no permitidos serán sancionados y remunerados (§ 15 AGG). Quién se acoja al AGG tiene que demostrar indicios que indiquen un perjuicio y si esto se consiguiera, la otra parte tendría que probar lo contrario.

La ley obliga al empresario a tomar medidas empresariales internas de protección ante desventajas. Por esto, el empresario tiene que proporcionar al empleado un lugar donde pueda ir a exponer sus quejas y debe de impedir que se creen perjuicios o desventajas. Esto empieza con la amonestación mediante la disuasión y puede hasta llegar a la cesión de la relación laboral (§ 12 AGG).

4.4.5 Obligación de asistencia

La obligación de fidelidad de los empleados conlleva la obligación de asistencia del empresario. Las normas legales o mediante los casos envueltos en la jurisdicción de la obligación de asistencia sólo se dejan representar en caso de ejemplo, no realmente.

Protección de la vida y la salud

El empresrio está obligado a organizar el lugar donde trabajar, medios de trabajo y el ritmo de trabajo, de manera que el empleado esté protegido de peligros contra su vida y su salud (protegido de manera que la naturaleza de la empresa lo permita) (§ 618 BGB). Para esto, el empresario debe de cumplir el reglamento en el que se especifican las normas de protección laboral. El empresario debe de asegurarse de que todo empleado reciba y escuche las normas a las que atenerse para protegerse en su puesto de trabajo así como de ser contestado a las preguntas que tenga con respecto a su protección laboral. La protección de la salud en el puesto de trabajo puede obligar al empresario a prohibir fumar en el puesto de trabajo (§ 5 ArbStättV).

Derechos personales del empleado

A lo largo de la relación laboral, el empresario descubre muchos datos del empleado. Debido al derecho constitucional, la protección de los derechos personales y las leyes federales de protección de datos (BDSG) el emplesado está protejido contra la inscripción de los datos, grabación, uso o transmisión de datos personales.

La grabación de datos personales solo está permitada con el objetivo que requiere la relación laboral (se compara con el § 28 BDSG).

El empresario tiene también que guardar silencio respecto a los hechos y aspectos que el empleado tenga como intereses propios, p. ej.: sueldo, estado de salud o relaciones personales. Especialmente regulada está la obligación de guardar silencio por parte del empresario:

- En caso de conocimiento de un embarazo (§ 5 I MuSchG),
- Lo relacionado con datos protegidos respecto a la persona (§ 5 BDSG),
- En caso de inventos por parte del empleado (§ 24 I ArbnErfG).

Por motivos de su obligación de silencio general, el empresario está obligado a proteger al empleado de tratos injustos por parte de directivos o superiores y también de tratos ilegales por parte de los compañeros como p. ej.: insultos o agresiones.

El empresario no tiene derecho a escuchar conversaciones telefónicas privadas del empleado así como tampoco puede vigilar al empleado por medio de cámaras ocultas o micrófonos.

El empresario no puede de ningún modo, exigir hacer análisis genéticos de prevención al empleado y preguntar por los resultados o utilizarlos (§ 24 GenDG).

Protección de los objetos personales del empleado

Durante el tiempo de trabajo y después de éste, el empresario debe de tener al servicio de los empleados un armario o habitación donde las pertenecias de los empleados, así como ropa de trabajo o herramientas, estén seguras. Si el empresario pusiera a disposición del empleado un aparcamiento, hay que usar éste de manera segura respecto al tráfico. Si en el tiempo de estar aparcado hubieran desperfectos en el coche, el empresario no tendría que responder normalmente sobre estos. Para desperfectos de aparcamiento que son producidos por un tercero tampoco tendría que responder. Por lo demás el empresario tiene que responder si es culpable de los daños ocasionados que reciba el empleado durante el tiempo de trabajo.

5 Formas especiales de la relación laboral

Junto con el contrato de ejecución sucesiva cerrado por tiempo indefinido hay otras formas diferentes como sigue a continuación.

5.1 Relación laboral a prueba

Hay que diferenciar entre:

- La relación laboral a prueba limitada y
- El periodo de prueba anticipado a la relación laboral ilimitada.

Una relación laboral a prueba es permitible (§ 14 I TzBfG) y acaba con el último dia de la fijación de plazo sin la necesidad de un despido.

Si la relación laboral ilimitada está ajustada con un periodo de prueba anticipado, el plazo de rescisión en la fase de prueba es de dos semanas (§ 622 III BGB). De esta manera, el ajustado periodo de prueba no puede sobrepasar la duración de 6 meses.

5.2 Fijación de plazo

Los contratos laborales limitados están regulados en la ley de trabajo a tiempo parcial y contratos laborales limitados (TzBfG).

5.2.1 Limitación de plazo por motivos objetivos

La fijación de plazo de un contrato laboral siempre es permitible si existe un objetivo razonable. El § 14 I TzBfG contiene un catálogo de razones de fijación de plazo típicos (p. ej. la adicional necesidad de mano de obra temporal, la representación de otro empleado), sin definir una regulación concluyente.

El contrato laboral ilimitado debe permanecer en la forma habitual entre el empresario y el empleado. Para facilitar empleados con fijación de plazo así como la transiciòn a un empleo ilimitado hay que cumplir las siguientes reglas:

- El empresario tiene que informar a sus empleados sobre puestos libres en la empresa o compañía de plazo ilimitado (§ 18 TzBfG).
- Empleados con fijación de plazo se tienen que permitir la participación en la formación y el perfeccionamiento adecuados para ayudar a mejorar su desarrollo y su movilidad laboral si no hay en contra importantes razones de la empresa o ambiciones precedenciales de perfeccionamiento de otros empleados (§ 19 TzBfG).

- El comité empresarial y el comité de personal tienen que estar informados sobre la cantidad de empleados con fijacion de plazo y su procentaje del personal completo de la empresa y de la compañia. La representación de los empleados debe de tener influencia a la hora de ocupar puestos libres y representar mejor los intereses de los empleados con fijación de plazo (§ 20 TzBfG).

5.2.2 Fijación de plazo sin objetivo

La fijación de la limitación de plazo de un contrato laboral sin objetivo solo es permitible durante la contratación. Un contrato laboral con fijación de plazo limitado, no necesita ningún objetivo si el contrato laboral (o su alargamiento como mucho de tres veces) no supera la duración de dos años (§ 14 II TzBfG). El alargamiento es excluído si con el mismo empresario ha existido un contrato laboral con fijación de limitación del plazo o de plazo ilimitado (§ 14 II TzBfG). En el caso de una fundación nueva de una empresa, es permitible una fijación de limitación de plazo hasta de 4 años (§ 14 II a TzBfG).

5.2.3 Forma escrita

Según el § 14 IV TzBfG, un contrato laboral con fijación de limitación de plazo necesita una forma escrita (ser hecho por escrito). La demanda de forma escrita se refiere por ley solo al acuerdo de la fijación de limitación del plazo en sí. La indicación escrita de la causa de la fijación de la limitación de plazo solo es necesario en el caso de la fijación de plazo con objetivo. Lo mismo vale para la circunstancia que hace uso de la posibilidad de la opción de la fijación de la limitación de plazo sin objetivo que es la más fácil. El contrato laboral con fijación de limitación de plazo se cierra a largo plazo si no se ha hecho uso de la forma escrita (§ 16 TzBfG).

5.2.4 Final de la relación laboral con limitación de plazo

Un contrato laboral con fijación de la limitación de plazo acaba con la finalización del plazo. El § 15 II TzBfG establece que un contrato laboral con fijación de la limitación de plazo, hecho para alcanzar un objectivo objectivamente, solo se termina con el alcanze del objetivo si el empresario informa al empleado sobre esta acción dos semanas antes por escrito. Según el § 15 III TzBfG la relación laboral con limitación del plazo solo esta sujeta a un despido ordinario si esto esta especificado por escrito o en el acuerdo tarifario. La baja excepcional (sin aviso) es siempre posible si se debe a razones importantes.

5.3 La relación laboral a tiempo parcial

Relaciónes laborales a tiempo parcial son todas las relaciones laborales donde las horas regularmente trabajadas en una semana sean menores que las horas trabajdas por un empleado con jornada completa (§ 2 TzBfG). Las formas especiales de trabajo a tiempo parcial son:

- El tiempo variable, que se adapta al volumen de trabajo (Kapovaz-Arbeit);
- La división del puesto de trabajo (Jobsharing).

Para proteger a los empleados afectados se han añadido instrucciones de protección en las configuraciones del contrato según indican los §§ 12, 13 TzBfG.

5.3.1 Derecho de reivindicación

Los empleados cuya relación laboral exista más de seis meses, tienen, en empresas con mas de 15 empleados, derecho a exigir el trabajo a tiempo parcial. La petición de un empleado de reducir su horario laboral, solamente puede ser denegada por el empresario si hubieran en contra importantes razones de la empresa. (§ 8 IV TzBfG). El derecho laboral a tiempo parcial existe además según los § 15 BEEG, § 3 Abs. 1 PflegeZG y § 81 V SBG IX.

Razones importantes son por ejemplo si un empleado es insustituible, si nacen problemas con la reorganización del proceso de trabajo o el trabajo a tiempo parcial causara costes inadeuados. Las razónes importantes de la empresa que van contra la petición del empleado, según el § 8 V TzBfG, solo se tienen que considerar si el empresario los hace por escrito en el plazo de un mes.

5.3.2 Los plazos

El empleado tiene que hacer valer su petición de disminuir sus horas de trabajo como más tardar, tres meses antes del inicio (§ 8 II TzBfG). A la vez tiene que especificar, como se repartirán las horas de trabajo semanales disminuídas entre los dias laborales de la semana (§ 8 II TzBfG).

Según el § 9 TzBfG, un empleado con un contrato de trabajo a tiempo parcial que muestra la petición de prolongar su horario de trabajo acordado en su contrato laboral tiene preferencia en la elección de la ocuparción de un puesto libre de trabajo adecuado. Esta norma no tiene validez si hay en contra importantes razones de la empresa o si hay peticiones de otros empleados con contratos laborales de trabajo a tiempo parcial que son, bajo aspectos sociales, primodiales.

5.3.3 Discriminación prohibitoria / obligación de información

El § 4 TzBfG regula la discriminación prohibitoria. Según el § 4 I TzBfG, un empleado con un contrato laboral a tiempo parcial tiene derecho a remuneración, o a otra prestación divisible en valor monetario, que ganara un empleado con contrato ilimitado en el mismo tiempo trabajado.

La ley tiene prevista la obligación de información del empresario ante el empleado y ante el comité empresarial (§ 20 TzBfG). Empleados que han mostrado al empresario su petición de acortar, alagar o desplazar el horario de trabajo acordado en su contrato laboral tienen que ser informados por el empresario sobre puestos libres que deban ser ocupados (§ 7 TzBfG). La representación colectiva tiene que ser informada sobre el trabajo parcial en la empresa especialmente sobre los puestos de trabajo parcial existentes y planeados sobre las medidas planeadas para transformar puestos de jornada completa en puestos de trabajo parcial y viceversa.

5.3.4 Medidas de formación y perfeccionamiento

El § 10 TzBfG obliga al empresario a facilitar empleados a tiempo parcial para la participación en formación y perfeccionamiento para garantizar el igual trato con referencia a empleados con jornada completa con empleados a tiempo parcial, en caso de ascenso laboral.

5.3.5 Protección contra el despido

Segun el § 11 TzBfG el empresario no puede despedir a un empleado porque se niegue a cambiar de jornada completa a tiempo parcial y al revés .

5.4 Relación laboral como suplente

El legislador no ha definido universalmente el concepto de la relación laboral del suplente, solamente en el reglamento del plazo de denuncia del § 1 NachwG, se encuentran definiciones que los separan entre ellos. Hay relaciones laborales limitadas e ilimitadas, a jornada completa y a tiempo parcial. La particularidad es que en una relación laboral de suplente limitada o ilimitada con la acordada posibilidad de un despido ordinario el despido es facilitado. El plazo de rescisión se puede acortar según el contrato individual (§ 622 V BGB) en los 3 primeros meses.

Acerca la cantidad de remuneración, pero especialmente para la continuación de sueldo y el concedimiento de vacaciones suplentes tienen que ser igualados a empleados con contrato ilimitado. Hacer diferencias en el concedimiento de la prestación es regularmente improcedente.

5.5 Ocupación parcial insignificante

Una forma especial de la relación laboral es la llamada ocupación parcial insignificante. Ésta pertenece al campo de trabajos a tiempo parcial así que todos los indicios de derecho laboral también valen para trabajo a tiempo parcial. La ocupación parcial insignificante pude ser acordada de dos modos: como empleo pagado insignificantemente según el § 8 I Nr. 1 SGB IV o como empleo a corto plazo según § 8 I Nr. 2 SGB IV. Existen desviaciones en el campo del derecho fiscal y derecho de la seguridad social.

Si se sobrepasa el salario de 400 hasta 800 euros, el legislador tiene previsto una zona de deslizamiento donde las cotizaciónes a la seguridad social suban progresivamente para el empleado (§ 344 IV SGB III i.V.m. § 63 X SGB VI).

5.6 Cesión de trabajadores

Bajo cesión de trabajadores o trabajador prestado se entiende la entrega de un empleado de un empresario (prestador) a otro empresario (prestario) para rendir un trabajo prestado en esta empresa. Hay relaciones de prestación de trabajo verdaderas y no verdaderas, así como formas similares para enviar empleados que son muy diferentes bajo la vista del derecho laboral.

1. Una verdadera relación de trabajo prestado existe si un empresario, sólo ocasionalmente, presta sus empleados de un modo insignificante para su empresa en total o si la prestación del empleado no es objetivo primario, p. ej. la prestación de una máquina. La ley de cesión de trabajadores no es aplicable para estos casos.

2. La cesión de trabajadores para objetivos industriales (no verdaderas relaciones de trabajo prestado), está regulada por la ley de cesión de trabajadores (AÜG). El AÜG contiene una prohibición de tal cesión de trabajadores bajo la condición del permiso del Inem (Bundesagentur für Arbeit).

Las delimitaciones entre relaciones de trabajo prestado verdaderas y no verdaderas resultan del contenido del contrato entre el prestador y el prestario.

Relación de trabajo prestado

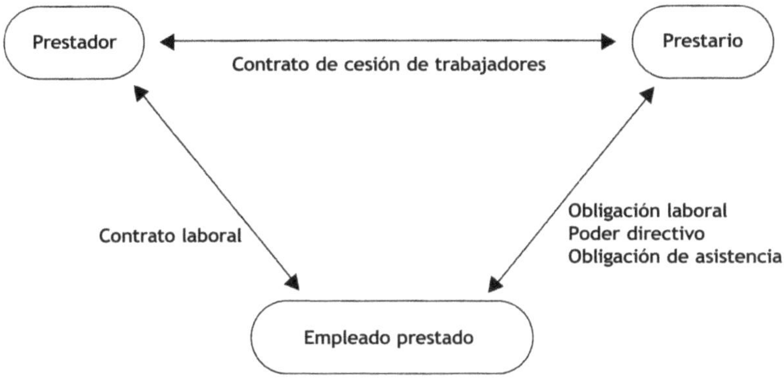

Entre el prestador y el empleado no existen normalmente relaciones por contrato, pero el trabajador prestado está sometido al poder directivo del prestario y el prestario debe de mantener la obligación de asistencia del empresario para el trabajador prestado. Con miras al acuerdo laboral, protección laboral, la protección contra accidentes y la configuración del puesto de trabajo, los trabajadores prestados tienen que ser igualados a los empleados del prestario.

Para la protección de empleados afectados, el AÜG contiene regulaciónes especiales sobre cierre y ejecución de la relación laboral prestada.

- Según el § 1 I AÜG, la cesión de trabajadores para objetivos industriales esta sujeta a autorización, cuándo en el sector de construcción esta, según el § 1b AÜG, fundamentalmente prohibido.
- Si el prestador trata la cesión de trabajadores sin permiso, el contrato será inefectivo según el § 9 I AÜG y según el § 10 I AÜG ha surgido una relación laboral entre prestador y trabajador prestado.
- Si el contrato entre el prestador y el empleado prestado es inefectivo, el empleado presatado tiene derecho según el § 10 II AÜG a indemnización.
- El contrato entre el prestador y el prestario demanda la forma escrita y el prestador tiene que informar al prestario sobre lo referente al permiso, según el § 1 AÜG (§ 12 I AÜG).
- Si el prestador no paga impuestos y la seguridad social reglamentria, en su caso se puede hacer responsable al prestario.

- Fundamentalmente los trabajadores prestados tienen que ser tratados igual que a los empleados titulares del prestario (“Equal Pay” y “Equal Treatment”).

Si el prestario pretende, después del proceso de prestación, la contratación del empleado prestado en una relación laboral ilimitada, el prestario tiene que cumplir con el plazo de rescisión ante el prestador. Las cláusulas de contrato, que prohiben al empleado cambiar a una relación laboral con el prestario, son nulas según el § 9 Nr. 4 AÜG.

5.7 Formación profesional

La ley de formación profesional (BBiG) regula el derecho contractual de la relación de formación profesional en los §§ 10 hasta 26 BBiG unitariamente para todos los sectores ecónomicos y profesionales.

5.7.1 Argumentación

La argumentación de una relación de formación profesional puede resultar sin ser necesarias algunas formalidades y ha de ser inmediata después de cerrar el contrato o como muy tarde antes del comienzo de la formación y el contenido principal tiene que ser fijado por escrito (§ 11 BBiG). Si aún no se ha alcanzado la mayoria de edad, para el cierre del contrato de formación es necesaria la afirmacion del representante legal. Aún sin haber cambios en la naturaleza o objetivo del contrato de formación profesional, se aplica para el derecho laboral, válidos principios jurídicos y las diposiciones legales (§ 10 II BBiG).

Para cada relación de formación profesional, es obligatorio como mínimo un periodo de prueba de un mes y como máximo de cuatro meses (§ 20 BBiG). En el contrato de formación profesional se puede pactar que el período de prueba, en caso de interrupción de la formación, se pueda alargar un mes. Insignificante es un acuerdo sobre la paga de una indemnización para la formación profesional aunque los padres se hayan comprometido a esto (§ 12 II BBiG).

5.7.2 Obligaciones del formador

Las obligaciones más importantes son:

La formación necesaria para alcanzar la meta de la formación deseada;

Poner a disposición gratuita los medios de formación, los materiales y las herramientas que sean necesarias para la formación y la participación en exÁmenes;

Obligar al aprendiz a visitar la escuela de formación profesional;

Hacer todo lo posible para que del aprendiz resulte una persona con buen carácter y protegerle antes toda clase de peligros físicos y morales (§ 14 I BBiG).

Al aprendiz sólo se le puede dar instrucciones que sirvan para el objetivo de la formación y que sean adecuadas con respecto a su fuerza corporal. El aprendiz tiene que tener la libertad para participar en la escuela de formación profesional y en exámenes (§ 15 BBiG). Lo mismo, si las medidas para la formación profesional fueran de la empresa del formador (por ejemplo talleres de enseñanza superempresariales o visitas de empresas con la escuela de formación professional). Una pérdida de remuneración no puede tener lugar debido a la participación en la escuela de formación profesional o por la participación en exámenes o cursillos fuera de la empresa.

5.7.3 Obligaciónes del aprendiz

El aprendiz se tiene que esforzar en instruirse en habilidades y conocimientos que son necesarios para alcanzar la meta de la formación. Y está obligado especialmente a efectuar las instrucciones encomendadas dentro las medidas de la formación profesional. Está también obligado a participar en medidas de formación profesional según el § 15 BBiG (p. ej. participar en la escuela de formación profesional o cursillos fuera de la empresa) y tiene que seguir las instrucciónes que le dé el instructor en relación con la formación profesional o otras personas con poderes de instrucción, así como cuidar el orden de la empresa de formación profesional, cuidar heramientas, máquinas y otras instalaciones y guardar silencio sobre secretos comerciales (§ 13 BBiG).

5.7.4 Derecho a remuneración

El aprendiz tiene derecho a remuneración y éste está estipulado según la edad del aprendiz y su formacion progresiva y al menos tiene que ascender una vez al año (§17 BBiG). Si existiera una ocupación extraordinaria de la normal diaria, del tiempo de aprendizaje, hay que remunerarla aparte.

5.7.5 Finalización

La finalización de la relación de formación llega automaticamente con la finalización del plazo de formación (§ 21 I BBiG). En caso de que el aprendiz apruebe antes el exámen final, la formación termina con el resultado de haber aprobado (§ 21 II BBiG). Si suspendiera el exámen, la relación de formación se alargaría, si es que lo exigiera el aprendiz, hasta el proximo exámen posible pero como máximo por un año. Si el aprendiz sigue trabajando en conexión de la formación profesional sin que algo haya sido acordado, nacería una ralación laboral a tiempo indefinido (§ 24 BBiG). El representante del aprendiz y otros miembros del órgano del régimen empresarial pueden exigir por escrito el ser empleados en la empresa después de haber terminado su formación (§ 78a BetrVG).

5.7.6 El despido

El despido de la relación de formación profesional durante el período de prueba es posible sin cumplimiento del plazo de denuncia (§ 22 I BBiG). Despues del periodo de prueba ya no es posible un despido ordinario (procedente). Ambos partidos solamente pueden despedir por una causa importante sin cumplir el plazo de aviso con los llamados despedidos extraodinarios (improcedente) o es el aprendiz el que quiere darse de baja con un plazo de aviso de cuatro semanas, si es que quiere abandonar la formación profesiónal para poder formase para otra actividad profesional (§ 22 II BBiG).

Resumen sobre el despido de la relación de formación profesional:

	Partidos	Plazo	Condiciones jurídicas materiales	Condiciones Jurídicas formalizadas
Durante el periodo de prueba	Ambos	Ninguno	Ninguno	Por escrito
Despues del periodo de prueba	Ambos	Ninguno, pero > 2 semanas a partir de existir el conocimiento	Razón importante	Por escrito e indicando la causa
	Sólo el aprendiz	4 semanas	1. Abandono de la profesión 2. Cambio de profesión	Por escrito e indicando la causa

5.8 Teletrabajo / trabajo a domicilio

El llamado teletrabajo lo realiza quien trabaja en un lugar elegido por él mismo o instalado por el empresario/cliente y realiza trabajos simples o cualificados como empleado en un equipo PED (procesamiento electrónico de datos) que está conectado por medios comunicativos electrónicos con la empresa del empresario/cliente. El teletrabajo se puede realizar en base a contratos de servicio, contratos de obra, contratos de suministro de obra y en colaboración libre como trabajo a domicilio o como relación laboral (empleado exterior).

Los empleados en el trabajo a domicilio están protegidos por la ley de trabajo a domicilio (HAG). La obligación de protección del HAG regula al distribuidor del trabajo a domicilio. Las obligaciones están reguladas según cada caso en los §§ 6 y siguientes HAG. Seguidamente resultan cuatro ámbitos de protección:

Empleados de trabajo a domicilio también están protegidos contra el despido (§ 29 HAG).

6 Pago salarial sin prestación de servicio laboral

El contrato laboral es una relación de intercambio para las dos partes y de aquí sale la frase "sin trabajo no hay sueldo". Debido a las fuertes adquisiciones sociales y personales existen algunas excedencias en esta regla.

6.1 Impedimentos personales

Cuando al trabajador le sea imposible prestar sus servicios a la empresa sin ser culpable de ello pero por un motivo directo de su persona, se le mantendrá el derecho al sueldo durante un tiempo considerable (§ 616 BGB).

Ejemplo:
Nacimiento o muerte en la familia.
Enfermedad grave de uno de sus familiares cercanos.
Boda propia.

De esta regla pueden haber desvíos según dice el contrato laboral, aún cuando sea para desventaja del trabajador.

Derecho a pago no existe cuando hay incapacidad de prestación de servicios debido a:

- Mala incorporación al trabajo por motivos meteorológicos.
- Suspensión de medios públicos de transporte.

6.2 Pago en caso de emfermedad

En caso de baja, durante las primeras cuatro semanas de una relación laboral, el empleado obtiene subsidio de enfermedad (§ 44 I, 49 I Nr. 1 SGB V). Después de este tiempo el pago se regirá según la ley (EFZG) que regula el pago a trabajadores y empleados así como para los que se forman profesionalmente. Por esto tienen todos los empleados que pertenecen a una empresa más de cuatro semanas, en caso de baja, un derecho a remuneración (§ 3 EFZG). Una excepción es el remunerar las horas extras (§ 4 EFZG).

Condición para acceder a este pago en caso de baja es que el empleado:

- Esté dado de baja.
- Que existan causas por las que no pueda rendir su trabajo.
- Por estar enfermo.
- No tenga parte de culpa.

El derecho a remuneración existe para un plazo de hasta seis semanas (§ 3 I EFZG) y este plazo vuelve a existir de nuevo cada vez que haya una enfermedad.

La baja laboral por emfermedad tiene lugar cuando el trabajador no está capacitado para desempeñar su trabajo o lo está pero con el peligro de que empeore su salud.

La baja y la duración estimada de ésta, debe de ser comunicada a la empresa inmediatamente y debe de ser presentada a la empresa antes del cuarto día, siempre que la baja vaya a durar más de 3 dias (§ 5 EFZG). Aún así, la empresa tiene el derecho de pedir que la baja le sea presentada antes. Si la baja durara más tiempo del estimado, el empleado deberá de presentar una nueva.

Si la baja no es presentada a la empresa, ésta tiene derecho de suspender el pago (§ 7 EFZG). Si por otro lado la baja es presentada con retraso pero ésta tiene validez desde el primer dia de baja que le fué comunicado al empresario, la empresa está obligada a pagar lo que corresponde.

Si el empresario tuviera dudas sobre la incapacidad para trabajar del trabajador, tiene el derecho de informar a la seguridad social que estará obligada a comprobar la baja y a que los servicios médicos examinen el caso (§ 275 I SGB V).

Si la baja procediera por culpa de un tercero (p.ej.: un accidente de coche) y el trabajador tuviera derecho de pretensión económica sobre el tercero, igualmente pasarían a ser derechos de la empresa cuando el tercero proceda a aportar las exigencias económicas de la seguridad social (§ 6 I EFZG).

6.3 Medidas de curación

A la hora de tomar medidas en la prevención médica (la así llamada "cura") y rehabilitación, el empleado tiene derecho al pago ininterrumpido. Éste pago viene a ser lo mismo que le correspondiera si estuviera prestando el servicio laboral y puede durar hasta seis semanas (§ 9 EFZG).

La condición para que exista el pago ininterrumpido es que la proposición de la curación sea aceptada por la seguridad social. Para que esto sea posible, el médico de cabecera deberá extender una receta proponiendo esta medida y que ésta cura tenga lugar en instalaciones de prevención médica o de rehabilitación o en instalaciones parecidas con el mismo fin.

Si después de una cura de este tipo el empleado se viera incapacitado para volver al trabajo, puede solicitar que le sigan pagando ininterrumpidamente. El empresario también tiene que dar al empleado vacaciones para descansar después del tiempo de cura, si es que el empleado lo solicitara (§ 7 BUrlG).

6.4 Pago en festivos

En los dias festivos obligatorios generalmente no se debe de trabajar (§ 9 ArbZG). Los festivos los impone el país o la comunidad. Los festivos generales en todas las comunidades alemanas son: año nuevo, viernes santo, lunes de pascua, 1 de Mayo, la Asunción, 3 de Octubre y el 25 y el 26 de Diciembre.

Los festivos obligatorios tienen que ser remunerados si caen entre semana, por los que el empleado hubiera cobrado el mismo sueldo que si hubiera estado trabajando (§ 2 EFZG). Lo que rige esto es que el festivo es el único responsable de que no se pueda trabajar. Hay casos en los que una remuneración no es obligatoria si p. ej.:

- El empleado está enfermo y recibe dinero por baja
- Si ha faltado sin disculpa al trabajo el dia antes o después del festivo (§ 2 III EFZG),
- En caso de trabajar jornada parcial y ese dia de todas maneras no se hubiera trabajado.

La remuneración que el empresario hubiera conseguido es reglamentaria si el empleado hubiera trabajado el dia de fiesta así como el dia normal laboral, de aquí cobraría él el sueldo normal del último mes (trabajo a destajo). El aumento asíduo de trabajo se ha de incluir de todas maneras en el cálculo, así como comisiones regulares etc... En jornada reducida con referencia a un festivo, se pagará igualmente el sueldo reducido (§ 2 II EFZG).

Para el trabajo que sea desarrollado en festivos hay que remunerar el dia de trabajo normal más la suma del dia festivo. Si para este pago no hubiera tarifa o reglas empresariales hay que remunerar entonces lo que se haya acordado en la rama de la cual se proceda (normalmente sería: 50–100%).

En los dias de fiesta católicos, para los empleados extranjeros con festivos religios no cristianos, el empresario tiene el deber de darles el dia libre si es que han hecho una propuesta para ello, con el fin de que por ej.: vayan a la iglesia, pero por otro lado no les pertenece remuneración alguna por este dia.

6.5 Vacaciones

Según la ley federal vacacional, cada empleado tiene anualmente el derecho a disfrutar de vacaciones pagadas para descansar (§ 1 BUrlG).

El derecho a vacaciones no se puede suspender, legar o heredar. Una compensación para no tomar vacaciones no es posible. El derecho a vacaciones caduca normalmente al final de cada año. Por motivos empresariales de urgencia o personales del empleado, se puede alargar la caducidad de las vacaciones hasta el 31 de Marzo del año siguiente sin perder el derecho a estas vacaciones. Si aún así hasta entonces no se hubiera disfrutado de estas vacaciones el derecho a ellas se pierde (§ 7 III BUrlG).

El tiempo mínimo de duración de vacaciones legal es de 24 dias laborables (art. 3 I BUrlG). También existen vacaciones de más duración que se rigen así:

- Por motivos de reglamentos empresariales para grupos individuales de trabajadores como p. ej. minusválidos (§ 125 SGB IX) o jóvenes (§ 19 JArbSchG);
- Por motivos de acuerdos en los contratos colectivos o de contratos individuales. Aquí tienen los contratos colectivos gran importancia.

Como dias laborables cuentan todos los días del calendario que no sean domingos o reconocidos como festivos, con lo cual los sabados que muchas personas disfrutan como dias libres cuentan también como dias laborables, o sea que 24 dias laborables son exactamente 4 semanas de vacaciones.

Después de un tiempo de espera de seis meses de trabajo, cada persona tiene el derecho a que le pertenezcan las vacaciones de todo el año entero (§ 4 BUrlG). Si no se mantuviera ese tiempo de espera se contaría 1/12 de las vacaciones anuales por cada mes de trabajo.

El pago vacacional está previsto para la duración de las vacaciones del empleado; en este pago no se tendrán en cuenta las horas extras (§ 11 I BUrlG).

La situación vacacional la puede decidir el empresario pero aún así éste tiene también que considerar los intereses del empleado (§ 7 I BUrlG). El comité empresarial también tiene derecho a tomar parte en esta decisión (§ 87 I Nr. 5 BetrVG). Si el empleado comunica sus vacaciones por medio de una lista de elección vacacional, el empresario tiene la obligación de comunicar al empleado en el plazo de tiempo previsto si hay algún inconveniente para que éste pueda disfrutar las vacaciones cuando él quiera. Si el empresario, pasado este tiempo, le dijera al empleado que no se puede tomar las vacaciones cuando se acordó, hay dos posibilidades: el empleado se marchará de todas maneras de vacaciones en la fecha acordada o si el empleado anula sus planes, éstos deberán ser pagados por el empresario (p.ej.: gastos de anulación de un viaje).

El empresario puede ordenar también para todos o para casi todos las así llamadas vacaciones de empresa (vacaciones obligadas) y en este caso la empresa se quedaría cerrada por vacaciones pero aquí también debe el empresario de mirar por los intereses de los empleados y el comité empresarial también debe de ser considerado a la hora de elegir este tipo de vacaciones (§ 87 I Nr. 5 BetrVG).

El empleado, si se dá el caso de no estar de acuerdo, no puede usar el derecho a vacaciones y tomarse simplemente las vacaciones sin el permiso del empresario, para ésto tendría él que remitirse al comité empresarial y poner incluso una denuncia ante el tribunal laboral.

Si hay de por medio un justificante de emfermedad del médico durante algunos dias de vacaciones, éstos no serán descontados de los dias de vacaciones que le pertenecen al empleado y las „curas" (arriba expecificadas) tampoco (§ 9 BUrlG).

6.6 Vacaciones educativas

En la mayoría de las regiones de Alemania es ley ofrecer un permiso de estudios y formación, lo así llamado: vacaciones educativas. El tema tiene precedencia por lo mucho que se aprende ya que son cursos dados por profesionales de la materia, que son reconocidos por la oficina federal de la administración del país. Normalmente el empleado tiene derecho a diez dias de vacaciones educativas por cada dos años consecutivos trabajados, si contamos cinco dias laborables a la semana.

6.7 Excedencia por maternidad / Cuidado de hijos

Desde el comienzo del embarazo, a las empleadas no se les debe encomendar labores duras o de levantar peso, que les pueda producir alguna molestia por el estado en el que están (§ 4 I MuSchG). Aparte existe una prohibición de ocupación por medio de un informe médico que diga que la madre por motivos de su salud y la del niño no puede continuar realizando la labor (§ 3 I MuSchG).

Las últimas 6 semanas antes del nacimiento, las futuras madres no pueden estar trabajando de ninguna manera, a no ser que ellas mismas se declaren en contra de su derecho y quieran seguir trabajando (§ 3 II MuSchG). Hasta 8 semanas después del nacimiento del niño, tampoco pueden las madres volver al trabajo, quieran ellas o no, o 12 semanas si son más de un niño los que han nacido (§ 6 I MuSchG).

Según el § 11 MuSchG, las madres trabajadoras obtienen a principio de mes (durante este tiempo de prohibición a trabajar) el mismo sueldo que tenían en las 13 semanas antes del nacimiento. Durante este tiempo, las madres tampoco pueden acceder a trabajos temporales o por horas ya que durante este tiempo la madre recibe la así llamada "prestación por maternidad" (Mutterschaftsgeld).

La prestación por maternidad y el tiempo para cuidar a los hijos, regula dos prestaciones de las diferentes secciones de derechos: La primera: derecho social, lo que se centra en el dinero para cuidar del niño (§ 1–14 BEEG) y la segunda se centra el BEEG en la regulación del trabajo durante el tiempo después del nacimiento (§ 15–21 BEEG).

La prestación por maternidad y tiempo después del nacimiento, concede a las madres trabajadoras la posibilidad de que cuiden y eduquen a sus hijos hasta el fin del tercer año de vida del niño (§ 15 BEEG). El tiempo de después del nacimiento puede ser disfrutado por la madre o por el padre o por los dos al mismo tiempo, siempre que se haya solicitado y concedido este tiempo por el empresario. Si el empresario lo concede, es posible traspasar un año para la educación del niño a partir del cuarto hasta el octavo año de vida del niño.

La caducidad para solicitar este tiempo de educación dura hasta 6 semanas después del nacimiento, en algunos casos 8 semanas (§ 16 I BEEG). El tiempo cogido por los padres para la educación del hijo puede dividirse hasta en cuatro partes.

El tiempo de trabajo temporal permitido durante el tiempo de educación es de 30 horas semanales, para los dos padres juntos es posible hasta 60 horas semanales (§ 15 IV BEEG). En empresas con más de 15 empleados existe en algunos casos el derecho a trabajar solamente de 15 a 30 horas semanales, pero este derecho no llega a tener validez cuando la empresa necesita al empleado por motivos urgentes empresariales. De todas maneras, la ley de tiempo de educación vé ventajas para el empresario si durante este tiempo emplea a otros trabajadores como suplentes (§ 21 BEEG). La carga financiera que produce el dinero para el tiempo de educación no recae contra el empresario, si no que recae sobre el estado (§ 11 BEEG). Durante este tiempo de educación, el empleado no puede ser despedido, ya que la ley lo protege (§ 18 BEEG).

6.8 Enfermedad de los hijos

Si el empleado no puede acudir a su trabajo por el hecho de tener que cuidar a su hijo que ha caído enfermo, es un caso que está regulado en el § 616 I BGB. El empleado tiene en este caso derecho a una excedencia con derecho a recibir dinero por baja por enfermedad (§ 45 SGB V) aunque sea su hijo el que está enfermo y no el empleado.

Las condiciones para poder llevar a cabo esta excedencia son:

- Que el médico haga un informe donde detalle que el niño ha de estar continuamente cuidado y vigilado.
- Que no haya otra persona en la casa que se pueda encargar del cuidado del niño.
- Que el niño sea menor de 12 años de edad.

Este derecho se puede requerir cada año por niño, por un máximo de 10 dias y para madres solteras un máximo de 20 dias laborables. En total, estos dias están limitados a 25 o 50 dias laborables al año.

Hay que tener en cuenta que todos los empleados tienen derecho a una excedencia impagada aún cuando no tengan derecho a dinero por baja por enfermedad (§ 45 V SGB V).

6.9 Cuidado de familiares directos

El tiempo para el cuidado de familiares directos abre a los trabajadores la posibilidad de cuidar de los parientes que requieran cuidados intensivos en casa y así poder mejorar la compatibilidad entre el trabajo y el cuidado familiar.

La regulación del tiempo para cuidados de familiares directos se expone en dos columnas:

En una situación de cuidados muy delicada, tienen los empleados el derecho a no acudir al trabajo hasta 10 dias laborables para poder buscarle en estos dias al enfermo directo un cuidador o alguien que garantice su cuidado (§ 2 PflegeZG).

En una situación de cuidados muy largo de un familiar directo, los empleados tienen derecho a cuidar en casa a su familiar hasta un tiempo máximo de 6 meses. En este caso el empleado puede decidir si quiere tener todo el dia libre o sólo en parte. Este derecho a cuidar a familiares directos no le pertenecen a empresarios con 15 empleados o menos (§ 3 PflegeZG). La seguridad social necesaria está garantizada durante el periodo de cuidados.

7 Responsabilidad en la relación laboral

Con referencia a la responsabilidad, hay que diferenciar si el empresario o el empleado han herido sus obligaciones y en este caso, si han habido daños materiales o personales.

7.1 Violación de responsabilidades por parte del empleado

Si el empleado no se atuviera a ejercer sus responsabilidadses parcial o completamente, el empresario podría llegar a tomar estas medidas:

- Reducción del sueldo
- Despido
- Pedir al empleado indemnización de daños.

7.1.1 Obligaciones de cara al empresario

El empleado se responsabiliza de daños que él le produzca al empresario durante la prestación del trabajo (§ 280 I, 241 II BGB (en caso de daños producidos a su propiedad) (§ 823 I BGB). La obligación que tiene el empleado ante la indemnización de los daños está limitada para proteger al empleado de cantidades que le lleven a la ruina. Así que la obligación de indemnizar un daño leve o medio será compartida con el empresario (esto lo rige la importancia de los daños o la peligrosidad del trabajo a realizar) y en caso de que el daño a indemnizar sea grave, como por ej.: algo que haya sido premeditado, el empleado estará obligado a pagarlo todo él y aún así esto también está limitado cuando el sueldo del empleado y el riesgo de daños se encuentra en un equilibrio desfavorable (p.ej.: que el coche no esté asegurado a todo riesgo).

Obligación del empleado

Reacción del empleado en caso de:		**Consecuencias jurídicas de cara al empleado:**
No ser culpable o tener culpa leve	→	El empleado no está obligado a indemnizar daños
Tener culpa leve (culpa normal)	→	La indemnización se rige según la cuota proporcional y según las circunstancias de cada caso

Tener culpa grave	→	El empleado lo indemniza todo pero con excepciones
Haberlo premeditado	→	El empleado lo ha de indemnizar todo sin excepciones

El derecho a indemnización de daños puede llegar a reducirse si el empresario declara parte de la culpa (§ 254 BGB).

Ejemplos de declaración del empresario de parte de la culpa:
- No haber distribuido las instrucciones necesarias.
- No haber vigilado tanto como se debiera.
- Puesta a disposición de una herramienta deficiente.
- Haber exigido demasiado a las capacidades del empleado.

La carga provatoria de la culpa del empleado hay que imponerla al empresario (§ 619 a BGB).

7.1.2 Obligación de responsabilidad a terceros

Si al desarrollar el trabajo se producieran daños a terceros, p. ej. a clientes, el empleado tiene la obligación de asumir la responsabilidad que disponga la ley de obligación de responsabilidad a terceros. El empleado, de cara al empresario, tiene normalmente el derecho a liberarse de la cuantía de la indemnización en qual se le concede una redución de responsabilidadde de los daños producido al empresario.

En el caso de daños físicos a otros compañeros de trabajo, solo tendrá que responder el empleado cuando el daño haya sido premeditado o cuando el daño haya sido producido por el tráfico general. Por los daños materiales que le produzca el empleado a otro compañero de trabajo tendrá que responder él en toda la cuantía. En labores empresariales, el empleado tiene derecho a liberarse de la carga según el grado de culpa que él tenga de cara al empresario.

7.1.3 Responsabilidad por déficit (defecto)

Cuando hay un déficit (p.ej.: falta de dinero en la caja o de material en el almacén) tiene que responder el empleado según el § 280 I BGB (imdemnización por la infracción del deber) por ej.: por haber obrado sin permiso (§ 823 ff. BGB). El empresario demuestra la carga de la prueba por la infracción del deber, y endeuda al empleado.

Cuando en el contrato existe un acuerdo para regular el déficit, en caso de haberlo, el empleado debe de declararse culpable independientemente de si tiene culpa o no ya que así se especifica en el contrato laboral. Este reglamento solo tiene validez cuando al empleado se le ha pagado un dinero de déficit (para cuando a él mismo le falte este dinero o mercancía) y la responsabilidad del empleado esté limitada a la suma del dinero del déficit que se le entregó o que se puso a su disposición. Para esto tiene que tener él la oportunidad de llegar a conseguir un superávit mediante p. ej. la buena atención a su trabajo o al cliente.

7.2 Incumplimiento de las obligaciones del empresario

Si el empresario no cumple con sus obligaciones, según la situación de cada caso, el empleado puede:

- Abstenerse a prestar sus servicios
- Darse de baja en la empresa sin proceder
- Exigir el cumplimiento de las obligaciones
- Derecho a ser indemnizado y a pedir indemnización por daños personales.

En daños físicos debido a un accidente laboral se hace cargo la mutua de accidentes, sea de quién sea la culpa (§§ 7, 8 SGB VII). En el caso de que el accidente lo haya producido el empresario premeditadamente o haya sido por el tráfico general diario, tiene que responder el empresario mismo ante esto (§ 104 SGB VII). Por los daños materiales que hayan sido producidos premeditadamente por el empleado, también por sus imprudencias y por culpar a sus compañeros, ha de responder el mismo.

Recurso del portador del seguro de accidentes:
Si hay daños físicos a personas, el § 110 SGB VII exige el derecho a indemnización, siempre que el accidente laboral sea premeditado o producido debido a una gran descuido. Éste conlleva todos los gastos que los portadores del seguro social tienen que emplear debido al accidente laboral.

Si el empresario o algún empleado hiere el cuerpo, la salud, la libertad o discrimina a otro empleado, puede ser que ésto lleve a tener que indemnizar a la persona ofendida o agredida (§ 15 AGG).

8 Trastornos a la hora de prestar servicio

Siempre que en el contrato laboral estén especificados los deberes principales y los deberes secundarios, pueden existir trastornos para la prestacón laboral, lo que quiere decir que las labores a realizar no se han llevado a cabo reglamentariamente.

8.1 Imposibilidad

El rendimiento de trabajo es una deuda fija, lo que quiere decir que generalmente hay que atenerse a ella durante una medida de tiempo. Cuando este tiempo no se puede mantener, se suspende el trabajo automáticamente el tiempo laboral, el cual legalmente no se puede volver a recuperar. De esta manera, el rendimiento laboral se ha vuelto imposible, así, los derechos del empresario a recibir prestación de servicio por parte del empleado desaparecen según el § 611 I BGB junto con el § 275 I BGB.

Si la imposibilidad de rendir trabajo del empleado tiene que ser representada (p.ej.: cuando el empleado no acuda al trabajo por haber estado la noche anterior de fiesta) éste pierde sus derechos de cobrar el sueldo que le pertenece (§ 326 I BGB). El empresario puede aminorar el sueldo. El empresario tiene por lo tanto el derecho a una compensación de daños que por este motivo le hayan sido causados (§ 283, 280 I BGB). En caso de haber habido imposibilidad para acudir al trabajo existe el derecho de cancelación (§ 326 V BGB), la cual no hay que considerar en la ley laboral porque si no entra en vigor la ley de protección de despido.

Si por la imposibilidad para prestar trabajo se llega a finalizar el contrato, pueden tanto el empresario como el empleado elegir si quieren que se le indemnice los daños en vez de prestar el servicio o que se le recompense el gasto a no ser que el deudor no conociera la imposibilidad para trabajar y tampoco tiene que representar su ignorancia (§ 311a BGB).

Si el empresario tuviera que representar la imposibilidad de un empleado cuando p. ej.: no haya puesto al servicio del empleado los medios adecuados para desarrollar el trabajo, en este caso mantendría el empleado su derecho a contraprestación (§ 326 II BGB).

Si el empleado lo exigiera se tiene que dejar añadir lo que se ahorra por consecuencia de la liberación del trabajo o lo que deja de ganar, con mala intención, por la utilización de manera distinta de su mano de obra (§ 326 II BGB).

Si ni el empresario ni el empleado son responsables de representar la imposibilidad (p. ej. destrucción del lugar de trabajo o apagón de luz), el empleado no pierde su derecho a cobrar su sueldo según el § 326 I BGB, ya que el § 615 BGB dice que tanto el pago como la mora de aceptación también ha de ser pagada cuando el empleado carga con el riesgo de pérdida de horas de trabajo.

Bajo el punto de vista del riesgo empresarial (§ 615 S. 3 BGB), el empleado tiene normalente derecho a recibir su salario cuando la imposibilidad sea la escusa a su falta al trabajo, ya que el empresario organiza y dirige la empresa y obtiene las ganancias del trabajo efectuado en la empresa. A partir de esta regla general hay dos excepciones:

1. El pago completo del salario perjudicaría a la empresa, por lo cual en este caso tienen que cargar los empleados con el riesgo empresarial.
2. Las molestias hay que atribuírselas al empleado.

Por último, está el caso en que por consecuencia de una huelga, quede la secuela de los prooveedores que el proveer trabajo les resulta imposible o economicamente inaceptable y cuando para las dos empresas aceptadas estén asociadas igualmente o organizatoriamente.

El riesgo empresarial se iguala al riesgo económico. Aquí se refiere a casos de falta ventas o de bajón de pedidos. El trabajo sería todavía realizable pero económicamente ya no tiene sentido. También en los casos de riesgo económico, el empresario está obligado a pagar los sueldos.

8.2 Demora

Demora es cuando una parte del contrato se retrasa con su deber de cumplimiento. Hay que diferenciar entre demora de aceptación (demora del acreedor) y demora del deudor (retraso en la ejecución).

La demora del deudor existe cuando el deudor, después de una amonestación del acreedor, lo hace culpable por no cumplir su deber después de que haya entrado en vigor el plazo de vencimiento (§§ 284, 285 y siguientes BGB). En un préstamo fijado por el calendario es imprescindible una amonestación.

Ejemplo:
El empresario también se encuentra, también sin amonestación, en demora con el deudor si no paga el salario en el dia de paga habitual para la empresa. Entonces el empresario tiene que sustituir los daños que le fueron causados al empleado y tiene que devengar intereses para el tiempo que debe el salario al empleado (§§ 286, 288 BGB).

Mora de deudor del empleado, existe cuando el empleado no cumple con su deber de prestación de trabajo en caso de que no venga a trabajar o si en el futuro ya no trabaja como dice el contrato. La mora le obliga a indemnización y le dá eventualmente el derecho al empresario a un despido sin aviso previo. El empresario tiene el derecho de denegar la paga salarial (§ 320 BGB). También puede hacer una demanda para la realización de futuras prestaciónes de servicio.

Mora de aceptción del empresario (§ 293 BGB) existe cuando el empresario:

- No aceptara la prestación de trabajo ofrecida por el empleado (como sería su deber según la relación laboral).
- Dejara un necesario acto de intervención de manera que el empleado no pueda realizar la prestación de trabajo (p. ej. no poner a disposición la maquinaria necesaria).
- Dejara una necesaria contraprestación para la división del trabajo, aun que estuviera acordado por las dos partes contratantes contraprestaciones de turno por turno (p. ej. un adelanto salarial acordado).

Las condiciones para la mora de aceptación son:

- Que haya una relación laboral realizable,
- Que el empleado ofrezca verdaderamente su trabajo;
- Que la prestación de trabajo sea verdaderamente posible (si no fuera así, sería un riesgo para la empresa).

En estos casos desaparece el derecho del empresario de cara al empleado a prestación de trabajo según el § 611 I BGB y el § 615 BGB. El empresario tendría que seguir pagando la remuneración. El empleado se tiene que imputar lo que ha ahorrado como consecuencia de la liberación de la prestación de servicios o lo que gane de otra manera por usar su mano de obra o lo que deje de ganar por voluntad maliciosa (§ 615 BGB).

La demora de aceptación se elimina si el empresario ordena de nuevo al empleado a trabajar o a realizar su obligación de colaboración.

9 Paro parcial

El paro parcial, p.ej.: cuando hay poco trabajo, no lo puede ordenar sólo el empresario, solamente podría hacerlo en el caso en que esté especificado en el contrato colectivo (así llamado contrato discontinuo), en los acuerdos empresariales o en el caso en que el empleado esté de acuerdo, de esta manera se puede llevar a cabo este tiempo de paro cobrando menos dinero. Si el paro parcial se presenta al Inem y cumple con los requisitos exigidos, el Inem se hará cargo de pagar el tiempo que no se trabaje (60% o 67% del sueldo neto, § 169 ff. SGB III) aunque en la tarjeta de impuestos salariales haya deducciones o no por hijos.

Si no existiera una autorización para introducir por una parte el paro parcial con el descuento correspondiente del salario, solamente le quedaría al empresario la posibilidad de aviso de modificacion. Ésta puede ser comprobada por los juzgados si va en contra de las normas sociales.

Si debido a las condiciones meteorológicas no se pudiera trabajar, como es el caso en las empresas constructoras, el Inem pagaría el dinero correspondiente a partir de las 101 horas no trabajadas desde el 1 de Noviembre hasta el 31 de Marzo (§ 209 ff. SGB III).

Para esto existen las siguientes reglas:

- Desde la hora número 1 hasta la hora número 30 no trabajada, el empleado tiene que utilizar las horas extras que haya sumado cuando hizo buen tiempo y estaba trabajando, de manera que él, durante ese tiempo obtenga el mismo sueldo y su seguridad social.
- A partir de la 31 hora hasta la hora número 100 no trabajada, paga el sueldo el Inem de la reserva que crean los constructores durante el resto del año (lo así llamado Winterbauumlage), lo que sería el 60 % del último sueldo neto y 67 % para los empleados casados y con hijos. Para esto, el empresario paga sumas para la seguridad social del 80 % de los sueldos no pagados. Estas sumas, le serán devueltas al empresario por el Inem por medio de la reserva que crean los constructores en el resto del año.
- A partir de la hora 101 no trabajada, paga la oficina de empleo el sueldo por medio del seguro de desempleo. El empresario paga a la seguridad social el 80 % de los sueldos no pagados y de aquí se calculará más tarde la renta. Estos importes no le serán devueltos al empresario.

10 Inventos y propuestas de mejora

El derecho de inventar y hacer propuestas de mejoramiento técnico, está regulado en la ley de inventos del empleado (ArbnErfG). En este caso hay que establecer unos mismos intereses entre el emprasario y el empleado como inventor.

10.1 Inventos

Los inventos, son un rendimiento creativo para el trabajo de un empleado y como digno de la patente tiene derecho a lo que rige la ley de utilización de patentes o de protección de modelos patentados (§. 2 ArbnErfG).

Según el § 5 I ArbnErfG, el empleado tiene que presentarle al empresario por escrito el invento después de su creación. El empresrio tiene aquí la posibilidad de tomar el invento en su totalidad o parcialmente o autorizarlo (§ I ArbnErfG). Si el invento no es autorizado antes del tiempo de caducidad de 4 meses, el invento será liberado (§ 6 II ArbnErfG).

Si el empresario autorizara el invento de trabajo, éste tiene que remunerar al empleado tanto si tomara el invento en su totalidad (§ 9 I ArbnErfG) o parcialmente (§ 10 I ArbnErfG). Si el invento fuera totalmente aceptado por el empresario, éste y el empleado tendrían que acordar una remuneración rezonable y adecuada en el tiempo estipulado (según el § 12 I ArbnErfG).

10.2 Propuestas de mejora técnica

Las propuestas de mejora técnica son propuestas de innovación técnica que no precisan de patente o de proteción por modelos patentados (§ 3 ArbnErfG). Si el empleado está por otro lado obligado a hacer propuestas de mejora técnica porque lo dice su contrato, entonces éstas propuestas le pertenecen al empresario sin más. Si por lo contrario, estas propuestas de mejora se trataran de un derecho de protección comercial según el (§ 20 I ArbnErfG), el empresario debe de pagar al empleado la remuneración en el momento en que utilice la propuesta de mejora.

11 Transición o conversión empresarial

11.1 Transición empresarial

Una transición empresarial existe cuando el dueño de una empresa, traspasa ésta completa o parcialmente a otra persona que pasa a ser el dueño por medio del derecho jurídico (§ 613a I BGB). Éste suele ser el caso en que el que toma la empresa se encarga de los medios empresariales materiales y no materiales y lo pueda llevar autónomamente.

El nuevo empresario ingresa, según el art. § 613a BGB, en los derechos y deberes de las relaciones laborales vigentes en el momento del traspaso.

La situación jurídica laboral, el § 613a BGB, tiene importancia ante todo para el mantenimiento de los derechos adquiridos por los empleados anteriores, que con el tiempo fundan la afiliación a la empresa.

Ejemplo:

- Plazos de despidos
- Protección de despido
- Grupo tarifario
- Vacaciones
- Paga de navidad
- El retiro

Los derechos y las obligaciones de los contratos colectivos o de los acuerdos empresariales del que era hasta ahora el empresario, no pueden ser cambiados para desventajar al empleado hasta que acabe el año desde el punto en que se formalizó el traspaso empresarial. Existe una excedencia cuando en la nueva empresa existen reglas y contratos colectivos con el mismo objetivo.
Un despido, por parte del antiguo empresario así como del nuevo debido al traspaso empresarial no tiene validez, si por otro lado el despido es por otros motivos puede llegar a tener validez (§ 613a IV BGB).

Antes de llevar a cabo el traspaso empresarial, el empresario ha de informar de esto por escrito a los empleado (§ 613a V BGB), lo que quiere decir: para cuándo está planeado el traspaso, motivo, lo que va a conllevar el traspaso para el empleado tanto jurídico como económica y socialmente así como planes y normas futuras. Si el empleado no estuviera de acuerdo con este cambio podría contrariarlo (§ 613a VI BGB). El empleado se quedaría empleado de su antiguo empresario; la relación laboral no pasaría a ser del adquiriente pero sí el puesto de trabajo. Tal contrariedad tendría sentido si el empleado supiera que el empresario actual tiene puestos de trabajo libres para ocupar, de lo contrario el empresario podría disolver la relación laboral.

11.2 Transformación

La ley de transformación (UmwG) es el derecho a reestructurarse y sistematizarse con normas legales empresariales. Aquí se especificarán los cambios que se refieren a las normas legales de la empresa.

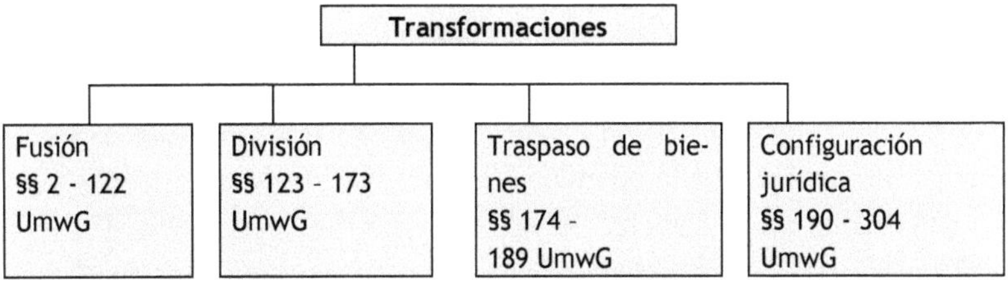

El § 323 I UmwG rige que los derechos de despido de un empleado, antes que haga efecto una división o sección de traspaso de cara a los traspasados tomadores de derechos que hayan tenido una relación laboral, por motivos de la división o de la sección de traspaso por un plazo de dos años a partir de la eficacia no puede empeorar.
Ejemplo:

Un empresario con mas de 5 empleados llega a tener después de una transformación menos de 5 empleados. La utilización y también la protección de la ley de protección contra el despedido (KSchG) le mantendrán empleado por dos años.

Según el § 322 II UmwG, una empresa que participa en una división o traspaso en parte y tras la transformación dirige esta empresa junto con el otro titular de derechos, entonces ésta es una empresa en comun según el KSchG. Así también, los empleados disfrutan de la protección del KSchG, cuyo empresario emplea a cinco personas o menos. Lo importante es que la cifra total de los empleados de la nueva empresa séa mayor al número de empleados exigido en el § 23 I KSchG.

12 Transición o conversión empresarial

También cuando hay insovencia por parte del empresario entran en vigencia las reglas de la ley laboral en general. La apertura del juicio por la insolvencia no tiene ningún efecto sobre el estado de la relación laboral. El administrador judicial de la insolvencia representa al empresario.

La exigencia de sueldos atrasados son exigencias de insolvencia sencillas (§ 38 InsO). Estos serán pagados por el dinero de la insolvencia de los últimos 3 meses antes de la apertura del juicio por insolvencia, que también será pagado si se tratara de una insolvencia que al final resulta ser saneada (§ 183 ff. SGB III).

Según el § 113 InsO, las relaciones laborales pueden ser anuladas tanto por el empresario como por el administrador judicial de la insolvencia. Si el empleado recién contratado todavía no hubiera comenzado con su labor, el administrador judicial tiene el derecho de elegir (§ 103 InsO) si acepta el contrato laboral o renuncia a los servicios del empleado. En una relación laboral legalmente cumplida, entra en vigor generalmente la protección por despido general. Sólo la apertura de un juicio por insolvencia no sería motivo suficiente para llevar a cabo un despido necesario para la empresa.

De cara a los plazos para despidos, existen algunas facilidades. Según el § 113 I InsO, éste plazo comprende tres meses de cara a final de mes (p.ej. hay que despedirse o ser despedido a final de mes y a partir de aquí hay que empezar a contar los tres meses) si es que no se ha especificado en el contrato un plazo más corto. Si existe un despido en menos tiempo, el otro partido puede pedir que se le indemnice por las molestias que puedan aparecer debido a esto. Este derecho a indemnización por daños hay que hacerlo válido como exigencia de la insolvencia.

Los acuerdos empresariales se pueden finalizar con un plazo de tres meses si es que se ha acordado un plazo más largo (§ 120 InsO).

Si el administrador judicial lleva a cavo el cambio en la empresa, según el § 122 InsO, puede adquirir la confirmación del tribunal laboral para efectuar el cambio en la empresa, sin pasar por el § 112 BetrVG. Si el tribunal laboral confirma la conformidad para el cambio en la empresa, § 122 InsO, deja de tener uso el § 113 III BetrVG. Los derechos económicos por desventaja serán descartados.

13 La finalización de la relación laboral

La relación laboral puede darse por terminada por muchos motivos aparte de por el despido. Por otro lado existe una desviación de otros derechos laborales, otras situaciones que no conllevan una finalización de la relación laboral, éstas son:

Sin hechos razonables:	Motivos:
Derecho del empresario a retroceder	Desviación del KSchG
Traspaso empresarial	Sucesión de derechos según el § 613a BGB
Suspensión de la base empresarial	Despido fundamentalmente necesario
Convocatoria al servicio militar o servicio sustitutorio	§ 1 ArbPlSchG
Conflicto laboral	Sólo suspensión de empleo
Muerte del empresario	Sucesión de derechos
Insolvencia	Despido necesario, § 113 InsO

Según el § 2 II SGB III, el empresario debe de informar al empleado, antes de finalizar la relación laboral, sobre la necesidad de iniciativa propia a la hora de buscar otro trabajo y sobre la obligación de informar en breve al Inem (§ 37b SGB III).
Como hechos de finalización sin despido se consideran los siguientes puntos:

13.1 Contrato laboral incorrecto

Un contrato laboral puede ser incorrecto jurídicamente por diferentes razones. Las consecuencias pueden ser: por nulidad (por esto el contrato no es válido desde el comienzo) o por anulabilidad (por esto la retirada del contrato por la declaración de anulabilidad de una de las partes, pero esto, siempre que hayan efectos retroactivos). El tiempo por el que también se realizó el trabajo tiene efecto como relación laboral, la cual se tiene que desarrollar libre de errores.

Contrato laboral incorrecto

Nulidad	**Anulabilidad**
⇓	⇓

Motivos:

- Incapacidad de ejercer como empresario, § 105 BGB
- Capacidad empresarial limitada, §§ 106 y siguientes BGB
- Falta de representación de poder, § 177 BGB
- Falta de formación, § 125 BGB
- Sueldos exagerados, § 138 II BGB
- Costumbres irracionales, § 138 I BGB
- Infracción contra prohibiciones legales, § 134 BGB

Motivos:

- Equivocación
- Amenaza
- Equivocación maliciosa (§§ 119, 120, 123 BGB)

13.2 Muerte del empleado

Con la muerte del empleado se termina la relación laboral (§ 613 BGB) y con la muerte del empresario también se acaba la relación laboral en caso de que el empresario sea una persona física.

13.3 Limitación de plazo

Los contratos laborales limitados (sólo por un tiempo) se terminan sin tener que recurrir al despido por el tiempo acordado (§ 15 TzBfG). La duración de un contrato laboral limitado se puede determinar mediante una fecha o un objetivo.

13.4 Límite de edad

El llegar al límite de edad no significa automaticamente la finalización de la relación laboral. Sin ser despedido sólo se acaba el contrato laboral si se ha alcanzado legalmente la edad de pensionista o con el subsidio de vejez, si es que estos se han acordado en el contrato colectivo y en los acuerdos empresariales o si se ha estipulado en el contrato laboral (se compara con el § 41 SGB VI).

13.5 Disolución del veredicto

Si el despido no tiene validez pero la relación laboral ya no es razonable debido a las desavenencias, existe la posibilidad de que una parte solicite terminar con la relación laboral por medio del juicio y cobrar una indemnización mediante el empresario (§ 9 KSchG). La cantidad a indemnizar se regula según la edad y el tiempo de pertenencia a la empresa (§ 10 KSchG).

13.6 Contrato de rescisión

La relación laboral siempre se puede anular por medio de un contrato por escrito. Aquí no son válidos ni los acuerdos de despido ni el derecho a colaboración del comité empresarial. Mujeres embarazadas, minusválidos y personas pertenecientes al comité empresarial también pueden cerrar un contrato de rescisión. El contrato de rescisión puede ser anulado por error en el contenido, por una amenaza ilegítima o por equivocación maliciosa.

Un contrato de rescisión necesita de la forma escrita para tener efecto § 623 BGB. Si no se mantiene la forma escrita, el contrato de rescisión es nulo (§ 125 BGB) y la relación laboral por lo tanto sigue existiendo. Hay que aclarar al empleado minuciosamente sobre las consecuencias legales de cara a los impuestos y a la seguridad social.

Las dos partes se pueden poner de acuerdo en relación al pago de la indemnización con un contrato de rescisión. Para esto no existe el derecho legal.

El derecho a dinero por desempleo se queda en espera cuando el trabajador recibe una indemnización debido a un despido o tiene derecho a ella. Este es el caso en que la relación laboral se finalizó sin mantener el plazo límite de despido (§ 143a SGB III). El descanso del derecho a dinero por desempleo es válido para la duración del plazo de despido no mantenido, pero como máximo por un año. Según la cantidad de la indemnización y de los importes exentos se puede acortar el plazo de espera. Si el empleado se dá de baja en la empresa él mismo sin un motivo importante, el dinero por desempleo también se queda en espera 12 semanas (§ 144 SGB III).

13.7 Jubilación parcial

Según el art. 1 de la ley de jubilación parcial (ATG) los empleados que hayan alcanzado y terminado los 55 años pueden, por medio de la jubilación parcial, hacer una transición del tiempo de asegurar el porvenir laboral para el tiempo de la jubilación. El Inem fomenta estas medidas hasta 6 años si es que se demuestra que se cumple con las condiciones requeridas (reocupación del puesto de trabajo por lo menos 4 años con una persona desempleada o con un empleado que acabe de terminar el tiempo de aprendizaje) con un incremento de la remuneración según le pertenezca.

La ATG no justifica el derecho a la jubilación parcial. Se necesitan mucho más unos acuerdos individuales en el contrato o en los contratos colectivos, para quién prevea una solicitud de este derecho.

El art. 8 ATG, contiene las reglas más importantes jurídicas laborales en relación a la jubilación parcial, en especial, una prohibición de despido para la posible utilización de la jubilación parcial (§ 8 I ATG). El ATG está limitado hasta el 31.12.2009.

14 Despido

El despido es la declaración por una de las partes del contrato laboral de querer finalizar la relación laboral. Basicamente están habilitados tanto el empresario como el empleado a finalizar el contrato; para los dos son válidos los principios del derecho de las relaciones con contrato. Para el empleado existe la protección de despido mediante la ley de protección por despido (KSchG), derecho a ser escuchado y derecho a contradicción del comité empresarial (§ 102 BetrVG; § 31 II SprAuG) y las determinaciones de protección de despido para algunos especiales grupos de personas. El despido, como una declaración de una de las partes tiene los siguientes efectos desfavorables:

- No es válido el despido de menores de edad sin la conformidad del representante legal (§ 111 BGB);
- El despido exige poder de representación (§ 180 I BGB), una autorización con retraso solo es posible cuando el despedido no reclama el dicho poder de representación.
- El despido declarado por una persona con poderes no es válido cuando el recibidor del despido lo rechaza enseguida y la persona con poderes no puede mostrar la constancia de poder según el (§ 174 BGB). El rechazo no es posible si la persona con poderes tiene una posición en la empresa que habitualmente tenga que ver con la ley de despido.

14.1 La llegada del despido

La llegada del despido es la condición para la validez de éste y para el comienzo del plazo de despido. Éste no necesita ser aceptado por la otra parte para llegar a tener validez. La llegada del despido existe para el empleado cuando el despido está en poder del empleado, lo que significa: cuando el empleado pueda contar con el conocimiento del despido bajo condiciones corrientes.

Un despido no puede ser anulado sólo por una parte. Una anulación del despido solo es posible antes de que el otro partido tenga acceso al despido. Después de que el otro partido haya entrado en juego (el empresario), éste tiene que confirmar que está de acuerdo con una anulación del despido, si no fuera así, se dará por finalizada igualmente la relación laboral.

14.2 Contenido y forma del despido

Un despido debe de llevarse a cabo por escrito (§ 623 BGB). Éste, debe de estar claramente presentado y sin que lleve a dudas. Las dudas van a cargo del despedidor. Si no se ha detallado la fecha de fín de la relación laboral se dará por entendido que se trata de la fecha más próxima que legalmente sea correcta.

El motivo por el que existe el despido no hay obligación de comunicarlo si se trata de un despido procedente y si el despido fuera improcedente, solo habría que comunicar el motivo si fuera requerido por el despedido (§ 626 II BGB).

Excepciones:

1. Cuando el despido sea acordado mediante un contrato colectivo, acuerdo empresarial o contrato individual.
2. Cuando se dé de baja una relación de aprendizaje (§ 22 III BBiG).

Añadir los motivos del despido está normalmente permitido si los motivos han sido presentados y explicados en la entrega de la declaración. Si existera un comité empresarial no se podrían añadir motivos que el comité empresarial no hubiera escuchado debidamente (§ 102 BetrVG).
Un despido puede ser nulo por una infracción contra una prohibición jurídica o por ir en contra de las buenas costumbres (p.ej.: §§ 125, 138 BGB.

14.3 Participación del comité empresarial

Si no se le informa al comité empresarial de los motivos del despido, éste es inválido (§ 102 I BetrVG; § 31 II SprAuG). Si el despido es improcedente, el comité empresarial puede reivindicar la decisión dentro del plazo de 3 días. Si el despido es procedente, el comité empresarial puede expresar su opinión en el plazo de una semana (§ 102 II BetrVG) o contradecirlo por escrito (§ 102 III BetrVG) si:

- El comité empresarial ha contradecido los motivos, ya que el empresario no ha tenido suficientemente en cuenta los motivos sociales a la hora de hacer la elección social.
- Se contradicen las normas que se acordaron con el comité empresarial.
- El empleado a quién se va a despedir puede ocupar otro puesto de trabajo dentro de la misma empresa.
- La continuación de la relación laboral es posible mediante cursillos de aprendizaje razonables o cambiando los términos del contrato.

Si el contrato ha sido formulado y el empleado ha puesto a tiempo una demanda de protección de despido, la empresa tiene que manterner al empleado ocupado hasta que se finalice el proceso de protección por despido, si es que esto no lleva a ser una gran molestia para el empresario (§ 102 V BetrVG).

14.4 El despido procedente o ordinario

Generalmente, el caso por que se finaliza una relación laboral ilimitada, es por el despido en firme en el plazo acordado, lo así llamado "despido procedente" (§ 622 BGB). Un despido así es ya admitible incluso antes de afiliarse al trabajo. Mediante el contrato colectivo o los acuerdos individuales, el derecho a un despido procedente puede ser excluído en un comité empresarial solo cuando no existen ningunas limitaciones con respecto al despido tarifario.

En relaciones laborales limitadas, el despido procedente está excluído a no ser que éste esté expecificamente acordado en el contrato laboral (§ 15 III TzBfG).

El empleado puede darse de baja sin tener que dar explicaciones de sus motivos. El despido por parte del empresario tiene que atenerse a lo que diga el KSchG y tiene que justificarse socialmente (§ 1 KSchG).

Un despido procedente puede producirse con un plazo de cuatro semanas, siempre que sea presentado el día 15 del mes o al final del mes (§ 622 I BGB). El plazo para el despido durante un periodo de prueba de como máximo seis meses, es de como mínimo dos semanas (§ 622 III BGB).

Para calcular el plazo de tiempo para un despido están los §§ 186 BGB. Aquí se trata de un plazo de incidencia (Ereignisfrist) según el art. § 187 I BGB, lo que quiere decir que aunque el plazo para el despido no se expecifique, el despido es de todas maneras válido ya que entonces se sobre entiende que se trata de la fecha más próxima que sea válida legalmente (§ 140 BGB).

Cuanto más tiempo exista la relación laboral, más se alarga el plazo de despido para el empresario (§ 622 II BGB):

Duración de la relación laboral	Plazo para proceder al despido
2 años	1 mes de cara a fin de mes
5 años	2 meses de cara a fin de mes
8 años	3 meses de cara a fin de mes
10 años	4 meses de cara a fin de mes

12 años	5 meses de cara a fin de mes
15 años	6 meses de cara a fin de mes
20 años	7 meses de cara a fin de mes
Al calcular la duración del empleo no se tendrá en cuenta el tiempo de antes de haber finalizado los 25 años de edad.	

(Ejemplo de plazo para proceder al despido: Si se está dos años trabajando en la empresa, el plazo para proceder al despido es de 1 mes. Por ejemplo: El empresario quiere que la relación laboral con el empleado termine el día 31 de Octubre, entonces el empresario tendrá que avisar al empleado el día 30 de Septiembre. También puede el empresario avisar al empleado el día 15 de Septiembre pero el despido pasará a tener validez igualmente el día 31 de Octubre, osea, un mes antes de cara a fin de mes).

En contratos colectivos se pueden acordar plazos de despido más o menos largos (§ 622 IV BGB). En los contratos individuales se pueden acordar generalmente solo plazos de despido más largos, plazos cortos solo podrán ser acordados excepcionalmente (§ 622 V BGB) por ejemplo:

- Para suplentes, cuando la duración de la relación laboral no sobrepasa los tres meses;
- En empresas con no más de veinte empleados (de estos, no se tiene en cuenta a los aprendices y a los empleados de trabajo parcial con un tiempo laboral de no más de 20 horas y media y no más de 30 horas y tres cuartos semanalmente). El plazo de despido es de cuatro semanas sin una fecha de despido fija.

Para el despido mediante el empleado no debe de existir un plazo más largo que para el despido mediante el empresario (§ 622 VI BGB).

14.5 El despido improcedente o extraordinario

Se considera despido improcedente cuando existe un motivo que haga que la relación laboral sea para una de las partes del contrato inaceptable (§ 626 BGB). El despido improcedente es inevitablemente la última medida para el empresario, por esto, todos los métodos más suaves como p.ej.: traslado, modificación de despido o despido procedente, tienen que ser agotados.

Al contrario de un despido procedente, un despido improcedente puede ser proclamado sin mantener el plazo de despido y éste tendrá validez desde el día de la proclamación.

14.5.1 Motivos importantes

El motivo determinante para el despido improcedente tiene que ser que el seguir con la relación laboral sea imposible. Estos motivos pueden ser p. ej.:

- Negarse a realizar la labor, holgazanería con cuantiosas faltas de asistencia;
- Negligencia de cara a acuerdos de seguridad;
- Insultos graves;
- Ingerir alcohol al volante (si el trabajo consiste en conducir);
- Corrupción; fraude;
- Documentación falsificada de los horarios de trabajo.

14.5.2 Situación inaceptable

Se procede a un despido improcedente cuando a la parte despedida le sea imposible seguir en la empresa hasta que finalice el plazo de despido porque la situación sea inaceptable. En este caso hay que tener en cuenta todos las situaciones de este caso en concreto y hay que considerar los intereses tanto del empresario como del empleado.

En el caso de que hubiera falta de rendimiento y esta falta puede ser tapada por el empleado, tiene que haber tenido lugar antes una sanción (§ 314 II BGB). Si el empresario tuviera también en este caso una parte de la culpa, se trataría de un despido improcedente injustificado.

14.5.3 Declaración de plazo límite

Cuando al empresario le llegue la información de que ha de despedir al empleado de manera improcedente, el empresario tiene que despedir a éste antes del plazo de catorce dias. Después de haber concluído este plazo se dá por hecho que el empleado tiene el derecho a seguir trabajando en la empresa. Durante este plazo hay también que escuchar la opinión del comité empresrial (§ 102 BetrVG; § 31 II SprAuG).

14.5.4 Despido por sospecha

Cuando hay sospecha anticipada de haberse violado gravemente las obligaciones del contrato, puede ser un motivo para ser despedido. Las condiciones para esto son cuando:

1. la sospecha está objetivamente justificada;
2. se ha destruído la relación de confianza;
3. se dió al empleado oportunidad para tomar posición ;
4. el empresario ha hecho todo lo posible para aclarar la sospecha.

Si se prueba que la sospecha era infundada, el empleado tiene el derecho a volver ser admitido en la empresa.

14.6 Modificación del despido

El despido de alguna parte del acuerdo laboral sin haber finalizado por completo la relación laboral, no es admitible. Si se tuvieran que cambiar algunas condiciones del contrato laboral, se necesitaría hacer un aviso de modificación. Aqui se trata de un despido que está relacionado con la oferta de seguir con la relación laboral bajo otras condiciónes (§ 2 KSchG). Si el empleado no admite la modificación ofertada en el despido, se llegaría a la finalización total del contrato laboral. El empleado puede entonces denunciar esta finalización.

El empleado puede también admitir la oferta o admitir la oferta bajo reserva. Por último, puede el empleado iniciar una denuncia porque haya averiguado que las condiciones laborales no son socialmente justificadas (§ 2 KSchG). En el proceso del despido, se examinará el objetivo de la modificación del despido y si la modificación es exigible para el empleado. Si se llega al cuerdo de que la modificación es inexigible, el empleado tiene que seguir desarrollando su trabajo con las condiciones anteriores.

14.7 Protección contra el despido

Hay que distinguir las relaciones laborales en las que no se mantienen las condiciones legales de la protección contra el despido (KSchG), relaciones laborales con las normas generales contra el despido y relaciones laborales que conllevan protección especial contra el despido.

Bajo la protección del despido no caen relaciones laborales que no existan desde más de 6 meses (§ 1 I KSchG).

En empresas con 10 o menos empleados (sin aprendices) no tienen validez las leyes de protección contra el despido, para empleados que hayan comenzado la relación laboral después del 31. 12. 2003. Los empleados que el 31. 12. 2003 estaban empleados en una empresa con más de 5 empleados, tienen como hasta ahora protección contra el despido. Estos empleados mantienen su protección contra el despido el tiempo que en la empresa hayan más de 5 empleados. En la investigación de los dos índices de perceptibilidad, se tendrán en cuenta los empleados que estén contratados a tiempo parcial (hasta 20 horas semanales con 0,5 y hasta 30 horas semanales con 0,75).

14.8 Motivos de despido

Los despidos son, según el § 1 KSchG, solamente socialmente justificados cuando existen los motivos siguientes:

- Respecto a la persona del empleado
- Comportamiento del empleado
- Cuando sea necesario por motivos empresariales urgentes.

Para proceder a esto, no debe existir ningún motivo de los que dice el § 1 II KSchG y el comité empresarial tiene que haber contradecido correctamente y dentro del plazo.

Die vorgenannten Gründe sind:

- Infracción contra las lineas a elegir según el § 95 BetrVG.
- Posibilidad de seguir empleado en la misma empresa pero en otro puesto de trabajo.
- Posibilidad de seguir empleado con medidas de aprendizaje aceptables o modificando las condiciones laborales con el consentimiento del empleado.

Todos los motivos de despido tienen en común:

Principio de pronóstico: Los motivos de despido son de cara al futuro. Hay que examirnar si en el futuro se suprimirá este puesto de trabajo. Aquí es decisiva la apreciación del momento en que se accede al despido:

Principio de ultimatum racional: El despido tiene que ser el último medio posible para disolver el problema empresarial. Si se pudiera hacer uso de otros medios más suaves como p. ej. el traslado, hay que ponerlos en funcionamiento.

Consideración de intereses: Los intereses del empresario a la hora de acabar un contrato, hay que considerarlos así como los del empleado a la hora de continuar con la relación laboral. Un despido está justificado cuando imperan los intereses del empresario.

Intereses que hay que considerar en un despido	
Por parte del empresario:	**Por parte del empleado:**
• Capacidad de función de la empresa. • Disciplina laboral de los empleados. • La aparición de un daño en concreto. • Peligro de repetición. • Desprestigiar gravemente al empresario.	• Maneras, frecuencia, gravedad de la irresponsabilidad de que se le reprocha. • Anterior comportamiento del empleado. • Parte de culpa del empresario. • Duración de pertenencia a la empresa y edad. • Estado social del empleado.

14.8.1 Despido por razones personales (incapacidad o falta de cualificación)

Los despidos por razones personales, son aquellos motivos que residen en las cualidades y capacidades personales del empleado. En este caso concreto puede ser muy difícil el diferenciar los motivos para condicionar un comportamiento. Entre los motivos para un despido por razones personales cuentan:

- Falta de aptitud física o psyquica
- Disminución de la capacidad de rendimiento
- Emfermedades, que hacen que se considere el disminuir el puesto del empleado.

Si se basara un despido en algunos de estos motivos, éstos se tienen que limitar concretamente a los perjuicios de los intereses empresariales y también se tiene que preveer si en un futuro habrán perjuicios que produuzcan la imposibilidad de prestar el servicio.

Cuando se procede a considerar los intereses hay que tener en cuenta los beneficios del empresario, si los motivos eran conocidos al comienzo de la relación laboral o si se han producido durante la ocupación.

Un motivo que también está relacionado con razones personales, existe cuando un empleado extranjero necesita un permiso de trabajo y éste no le es concedido. Si el empleado extranjero no se preocupa a tiempo lo suficiente del permiso de trabajo, puede ser que se proceda a un despido debido al comportamiento.

Un caso de aplicación muy importante es la emfermedad del empleado. Para ser concedido un despido de este tipo, el caso será estudiado severamente y aquí se diferenciarán tres grupos diferentes:

- Emfermedades largas
- Emfermedades cortas con mucha frecuencia.
- Disminución del rendimiento para la empresa debido a la emfermedad.

Requisitos para que tenga lugar un despido por emfermedad:

1. Faltas cuantiosas en el pasado debido a la emfermedad.
2. Pronóstico negativo en el momento del despido.
3. Cuantiosa disminución de las labores empresariales que pasan a ser inexigibles.

El empresario por lo contrario tiene que introducir un método para administrar la incorporación empresarial para puestos de empleados enfermos por un largo tiempo (prevención según el § 84 II SGB IX).

Para emfermedades duraderas es decisivo el que no se prevea una mejora objetiva y que el puesto de trabajo tenga que ser de nuevo ocupado por motivos empresariales. El empresario tiene que superar seguidamente este tiempo de emfermedad tomando otras medidas razonables.

Por ejemplo:
- Emplear a un suplente.
- Reorganizar el departamento temporalmente.
- Hacer cambios en la realización de las labores temporalmente.
- Imponer el ampliar la jornada laboral temporalmente.

Las medidas que razonablemente se han de tomar y durante cuanto tiempo hay que emplearlas, lo decide individualmente cada caso.
Las adicciones son también enfermedades que pueden llegar a justificar un despido. De todas maneras en este caso el despido sólo tendría validez si debido a la emfermedad los intereses empresariales se vieran inaceptablemente perjudicados.

Si debido a la enfermedad se aminorara la prestación de servicio, hay que tener en cuenta cuánto se ha rebajado el nivel de prestación por debajo de lo normal y si éste afecta al funcionamiento de la empresa debido a este cambio empresarial.

14.8.2 Despido por razones de comportamiento

Según el § 1 II S. 1 KSchG, un despido no está socialmente justificado si no han habido motivos de comportamiento por parte del empleado. Los motivos por los que puede existir un despido por razones de comportamiento, que ante todo son violaciones de contrato, existen en los siguientes casos:

- Violaciones de contrato (p.ej.: infracción contra la prohibición de fumar).
- Comportamiento en las labores a realizar fuera de la empresa, cuando debido a esto, la relación laboral se vea perjudicada (p.ej.: retirada del carné de conducir).
- En la sección de rendimiento, cuando el empleado no cumpla con sus obligaciones (p.ej.: negarse a trabajar o no asistir al trabajo).
- Si se violan las obligaciones de comportamiento que tengan que ver con el orden empresarial (p.ej.: retrasos contínuos).
- En el terreno de confianza personal (p.ej.: cuando uno se deja sobornar).

Si se trata de violación de las obligaciones a la hora de rendir (p.ej.: poco o mal rendimiento), hay que amonestar necesariamente al empleado. Sólo se puede pasar al despido cuando se ha amonestado al empleado a tiempo y especificamente por haberse repetido la situación de poco o mal rendimiento, que hace peligrar la relación laboral. Por regla general, para proceder al despido, basta con haber presentado al empleado una amonestación pertinente; Para pasar al despido habiendo habido infracciones poco graves, harían falta más amonestaciones.

Con un comportamiento indebido en el terreno de confianza (p.ej.: robo) o en el terreno empresarial (p.ej. causar un paro forzoso), también puede tener valor un despido sin tener que haber amonestado antes al empleado.

Por lo tanto, sólo justifican un despido motivos que hagan que sea inaceptable para el empresario el mantener durante más tiempo la relación laboral. Aquí, sería decisiva la situación de cada caso en concreto, aunque aquí habría que establecer una referencia más estrecha del empleado de cara a las obligaciones del contrato. Por norma, tiene que ser la culpa del comportamiento del empleado lo que lleve al despido.

14.8.3 Despido por motivos empresariales

Un despido por motivos empresariales está justificado cuando por graves necesidades empresariales es necesario, que hagan que el seguir manteniendo al empleado en la empresa sea imposible. Los motivos pueden ser:

- Circunstancias empresariales internas (p.ej.: medidas de racionalización, reorganización)
- Circunstancias empresariales externas (p.ej.: falta de pedidos, disminución de cifras).

Suspensión del puesto de trabajo

La primera condición para poder llevar a cabo un despido por motivos empresariales es la decisión empresarial que lleva a tener que adaptar al personal a un cambio de necesidades. El tribunal laboral no examina el sentido y el objetivo de la decisión empresarial pero existe una excepción que se basa en que la decisión sea evidentemente subjetiva, irrazonable o aleatoria.

Los motivos son urgentes cuando el despido no se puede evitar debido a la situación económica de la empresa. En caso de conflicto, el empresario debe de demostrar los motivos internos y externos empresariales que llevan al despido.

Sin posibilidad de seguir ocupado

Para un despido por motivos empresariales hay que comprobar que el empleado no pueda seguir siendo ocupado aunque reciba cursillos de reeducación o sea trasladado a otra sucursal o a otro puesto de trabajo. Aquí también desempeña un papel la disminución de horas extras o trabajadores prestados.

Elección social

Otras condiciones para llevar a cabo un despido por motivos empresariales son las elecciones sociales por motivos económicos. En la elección entre varios empleados, serán despedidos los que tengan menos necesidad de mantener el puesto de trabajo.

En la elección social hay que comprobar qué empleados se pueden comparar a otros. Esto se rige en primera linea según la carasterística del puesto de trabajo. Hay que considerar los diferentes grupos de profesiones, las actividades realizadas y otras características de cualificación. Si se puede demostrar que varios empleados se parecen se ha de despedir, debidos a los motivos empresariales, a aquel que sus datos sociales necesiten de menos protección. En la evaluación de quién necesita más protección hay que considerar los siguientes puntos:

- Tiempo que se pertenece a la empresa.
- Edad.
- Obligaciones de manutención (familia).
- Minusvalía del empleado.

La elección de los puntos sociales se disuelve cuando el empresario quiere seguir manteniendo empleado a aquella persona que por sus cualidades, conocimientos o rendimiento sea de gran interés para la empresa.

Según el § 1 III S. 1 KSchG, el empresario tiene que comunicar al empleado, si es que este lo exigiera, los motivos por los que ha sido elegido en la elección social.

El empleado que ha sido despedido por motivos empresariales tiene derecho a una indemnización (0,5 sueldo mensual por año trabajado) si es que no levanta una demanda judicial de protección y el empresario le ha advertido sobre lo que conlleva esto (§ 1a KSchG).

14.9 Protección especial de despido

La autoridad legislativa vé a algunos grupos de personas como más necesitados de cara a la protección, que otros. Se les ha ampliado la protección de despido y las han hecho depender de una confirmación oficial.

La han limitado según los siguientes hechos:

Estas condiciones especiales para el despido se tienen en cuenta para los siguientes casos:

- La relación durante el tiempo de aprendizaje (§ 15 BBiG).
- Mujeres embarazadas y madres después del nacimiento (§ 9 MuSchG).
- Empleados durante el tiempo de excedencia para el cuidado de hijos (§ 18 BEEG).
- Empleados que estén cuidando a otras personas (§ 5 PflegZG)
- Disminuídos físicos (§ 85 ff. SGB IX)
- Servicio militar o servicio sustitutorio (§ 2 ArbPlSchG, art. 78 I ZDG)
- Afiliados al comité empresarial, directiva eleccional o candidatos a elecciones (§ 15 I, III KSchG)
- Miembros de los representantes de los disminuídos físicos (§ 96 III SGB IX)
- El delegado de la conservación del medio ambiente (§ 58 II BImSchG)
- Mineros y poseyentes de un certificado de abastecimiento
- Diputados y porteadores de mandatos

La protección especial de despido se basa en prohibiciones de despido y en la complicación del despido. La prohibición de despido existe para los empleados que están realizando el servicio militar o servicio sustitutorio, para mujeres embarazadas o mientras dura su excedencia para el cuidado de los hijos. En estos casos, sólo puede existir un despido si se obtiene judicialmente la conformidad para éste (p.ej.: en caso de cierre de la empresa).

La complicación del despido existe para los disminuídos físicos y para proceder a este es necesario obtener anteriormente la conformidad del ministerio de integración. Los miembros del comité empresarial o del consejo del personal disfrutan de una amplia protección de cara a despidos procedentes. Un despido improcedente para este empleado, sólo puede realizarse mediante la conformidad del comité. Los candidatos a elecciones y los miembros de la directiva eleccional disfrutan de una protección parecida. La relación laboral de aprendizaje no puede finalizarse por parte de la empresa formadora una vez se haya sobrepasado la fecha límite del tiempo de prueba.

14.10 El procedimiento de protección en caso de despido

Una demanda contra un despido laboral jurídico tiene que ser presentada por el trabajador ante el tribunal laboral en el plazo de 3 semanas después de haber recibido el despido (§ 4 KSchG). El mismo plazo existe para una demanda de contratación, en la que la relación laboral existe más allá de un plazo fijo y sigue existiendo sin límite de plazo (§ 19 TzBfG) y en caso de insolvencia (§ 113 II InsO).

La ley de protección contra el despido se puede utilizar también para avisos de modificación (§ 2 KSchG). El mandato de la elección social para despidos empresariales también existe para el caso de avisos de modificación.

Durante una querella por despido, el empleado despedido tiene derecho a seguir trabajando incluso hasta después de haber caducado el plazo del despido hasta que se dé por terminado el proceso de éste, si el despido es inválido, después de haber sido comprobado por el tribunal y los valores de protección de los intereses del empresario no están en contra, el empleado puede seguir trabajando en la empresa. El empleado no tendría derecho a seguir en la empresa hasta la sentencia en primera instancia, si es que el despido no es objetivamente inefectivo.

El empleado tendrá también derecho a seguir trabajando hasta que termine el juicio por despido si el comité empresarial contradice el despido (§ 102 V BetrVG).

15 Despidos masivos

Un despido masivo significa el despido de una gran parte de los empleados por despido ordinario o aviso de modificación. En empresas con más de 20 empleados, los despidos masivos hay que anunciarlos al organismo oficial de empleo obligatoriamente, si es que llegan a alcanzar una determinada magnitud. Para esto existen las siguientes cuotas (§ 17 KSchG):

Trabajadores contratados:	Existe despido masivo si hay:
21 - 59	Mas de 5 despidos
60 - 499	Por lo menos un 10 % o mas de 25 despidos
500 o más	Por lo menos 30 despidos

El número de empleados hay que determinarlo en el momento de la finalización de la relación laboral. Para esto hay que tener en cuenta el número de empleados normales y no un número que por casualidad sea menor. Un despido masivo existe también cuando no se despiden empleados de repente si no en un plazo de 30 dias, o cuando otros despidos tienen lugar en un plazo de 30 dias y se soprepasan los números de empleados expuestos arriba. La referencia son los despidos que se deben de realizar dentro del plazo de 30 días. No hay que referirse a los despidos que se dictan en este punto de tiempo, lo que significa: la finalización real de la relación laboral. Relaciones laborales que por despido, contrato de rescinsión, contratos caducados o despido del trabajador (si es que no han sido provocados por el empresario) se acaban, no serán tenidas en cuenta. La protección contra el despido masivo no existe igualmente para empresas públicas sin objetivo económico, para la navegación marítima y para las empresas que dependen del trabajo por temporadas.

Si el despido masivo es inminente, el comité empresarial tiene que ser avisado con tiempo. El empresario tiene que tomar medidas junto con el comité empresarial para evitar el despido masivo así como para informar a los desfavorecidos sobre el plan social que les espera. El despido masivo intencionado hay que comunicarlo al organismo oficial de empleo, como mínimo 30 dias antes de haber sido sentenciado (§ 17 III KSchG) y hay que comunicar también la toma de posición del comité empresarial.

Con respecto a la participación del comité empresarial § 17 KSchG, hay que tener en cuenta los siguientes puntos:

Información	§ 17 II KSchG
⇓	
Asesoramiento	§ 17 II KSchG
⇓	
Conformidad	§ 17 III KSchG

El anuncio al Inem ha de ser por escrito, según el § 17 KSchG. También tiene que ser comunicado, entre otras cosas, el número de empleados y el número de trabajadores a desemplear, los motivos de los despidos y el plazo en el que se llevarán a cabo los despidos. Además hay que adjuntar una copia como que el comité empresarial ha sido informado y la toma de posición de éste.

Aunque el comité laboral forme parte del proceso de anuncio de los despidos, hay que escuchar a éste antes de llevar a cabo intencionadamente los despidos, según el § 102 BetrVG.

Si no se le dá importancia al anuncio o éste es incorrecto, los despidos pasarán a no tener validez, pero ésto, solamente cuando el empleado tome posición de su derecho y se ponga en contra del empresario con respecto a la invalidez del despido.

El anuncio al Inem impone un plazo límite de un mes, mientras que los despidos no pasen a ser efectivos (§ 18 KSchG). Este plazo puede ser alargado hasta 2 meses. Con la conformidad del despido masivo, los despidos del despido masivo pasarán a ser efectivos después de este plazo límite. Durante este plazo límite se puede trabajar en régimen de jornada reducida (§ 19 KSchG).

16 Derechos después de finalizar la relación laboral

Despues de la finalización de la relación laboral hay deberes de fidelidad. En este sentido, despues de la finalización de la relación laboral, también hay deberes para los antiguos partidos del contrato de mantener un comportamiento según el principio de lealtad y buena fé. La ley de competencia desleal proteje al empresario sobre todo con la cláusula general del § 1 UWG contra actos de competición del empleado retirado.

16.1 Liberación antes de la conclusión del contrato

El empleado tiene principalmente derecho a remuneración durante el plazo de aviso y a su empleo. Éste deber de ocupación también vale principalmente para empleados directivos.

Excepciones de esto existen cuando el empresario no puede seguir empleando al empleado (p. ej. por cierre empresarial o interrupción de servicio con pérdida de producción) o si tiene un Interés fundamental en la eximicion del empleado. Esto puede ser el caso:

- Si existiera la sospecha de un acto penable o de otra violación del contrato grave.
- Si existiera a una sospecha justificada de que un empleado se quiera ir a la competencia.
- Si por causas sociales resultara un despedido con previo aviso en lugar de un despedido sin previo aviso.
- Desequilibrio de la paz de la empresa.
- Si por las continuas violaciones pudieran surgir daños empresariales.

El derecho a remuneración del empleado no se eliminina con la liberación. En caso de una remuneración relativa y variable al rendimiento se ha de seguir pagando a base de un pasado período representativo. A la remuneración que se tiene que pagar según el § 615 S. 2 BGB, el empleado liberado se tiene que dejar atribuir el valor de una posible ganancia distinta.

Un derecho a liberación del trabajo también resulta para presentarse en el Inem (§ 2 II SGB III).

16.2 Tiempo libre para buscar empleo

Según el § 629 BGB, el empresario tiene que dar al empleado, si éste lo exigiera, un tiempo razonable para realizar las visitas de otros puestos de trabajo, después del despido de una relación laboral ilimitada. Aquí no tiene importancia si el despedido ha sido expresado por el empresario o por el empleado.

Otra condición es que la liberación para la busqueda de trabajo es necesaria. Si la entrevista pudiera ser por ejemplo en un dia libre, entonces el empleado no tendría derecho a tiempo libre durante otros dias laborables.

La determinación del tiempo libre resulta por el empresario bajo la consideración de los intereses del empleado (§ 315 BGB) y las demandas de la empresa.

Acerca de seguir pagando la remuneración es válido el § 616 BGB. Por consiguiente, estas ausencias son fundamentalmente evaluadas como de no asistir al trabajo sin tener la culpa y esto tiene que ser remunerado si es que no se trata de un plazo de tiempo despropocionado.

16.3 Prohibición de competencia

Durante una relación laboral existente el empleado tiene prohibido fundamentalmente, también sin acuerdos especiales, cualquier competición de cara a su empresario. Tras la finalización de su relación laboral, el empleado en cambio es libre en el aprovechamiento de su mano de obra ya que solo está sometido a una limitación si se ha pactado una prohibición de competencia con un contrato posterior que es permitido (§ 110 GewO). Los detalles legales de la prohibición de competencia están regulados en los §§ 74 ff. HGB. Estas determinaciónes también son válidas si se ha pactado otra cosa y así como para todas las demas relaciones laborales.

Para la eficacia de un acuerdo de competencia existe la condición de que el empleado sea mayor de edad en el momento del cierre. Además tiene que existir la forma escrita y el empresario tiene que entregar al empleado un documento de conformidad que esté firmado por el empresario. La prohibición de competencia solo es válida si el empresario se obliga a pagar una indemnización de carencia durante el plazo de la prohibición la cual será para cada año, por lo menos la mitad de las prestaciones recibidas por el empleado por contrato a las que pertenece no solamente el salario normal si no tambien todas las prestaciones voluntarias adicionales que se han que pagar.

La prohibición de competencia no debe dificultar el desarrollo del empresario y a la vez tiene que servir al empresario en el interés comercial. El interés del empresario de eliminar la competencia tiene en contra el interés del empleado de no ser limitado sobreproporcionalmente por la prohibición de competencia en su desarollo laboral. Una complicación en el desarollo del empleado puede ser la parte de la expansión local en dimensiónes temporales y en una delimitación objetiva de la prohibición de competencia.

Temporalmente una prohibición de competencia se puede pactar como máximo por un plazo de dos años. En casos aislados este plazo puede ser inequitativo y se aminorará conforme.

Acuerdo de competición		
Contenido de la regulación		**Consecuencias jurídicas**
No se ajusta una indemnización.	⇒	El acuerdo es **nulo.**
Se ajusta una indemnización demasiado baja.	⇒	La prohibición de competencia es **sin compromiso** para el empleado. El empleado tiene el derecho a votar si para una indemnización deja la competición o no.
El empresario se reserva la posibilidad de organizar la competicion (prohibición de competencia condicionada)	⇒	La prohibición de competencia es igualmente sin compromiso para el empleado. El empleado tiene el derecho a votar si para una indemnización deja la competición o no.
Acuerdo de competición p. ej. para 2 años contara con indemnización > un sueldo anual.	⇒	La prohibición de competencia es **obligatoria.** Si el empleado comete una infracción: • Pretensión omisional. • Derecho a indemnización por daños y perjuicios por parte del empresario.

16.4 Devolución de prestaciónes

Acerca de la devolución de las prestaciones que el empresario ha hecho con referencia a la relación laboral hay que diferenciar entre reivindicación de una paga equivocada (no debida), remuneración de un anticipo que no estaba cubierto por la prestación de trabajo del empleado, el pago de comisiones desmerecidas y las prestaciones voluntarias que son producidas por el empleado. La devolución de prestaciónes voluntarias es el caso mas importante de reivindicación.

Para prestaciónes sociales voluntarias solamente hay deber de devolución si están pactadas explícita y terminantemente. También es posible una referencia del contrato laboral sobre las determinaciónes del régimen empresarial.

De importancia es especialmente la devolución de:

- Gratificaciones;
- Retribución por vacaciones adicional y voluntariamente;
- Costes para formación y perfeccionamiento;
- Prestaciones a base de un préstamo del empresario;
- Costes de mudanza y costes del agente inmobiliario;
- Costes de control de la autoridad.

Con la comprobación de la eficacia de tal cláusula de devolución, hay que anteponer exigencias muy estrictas. Ésto es válido especialmente para las cláusulas que regulan la devolución de los costes de la formación pagados por el empresario en caso de que el empleado se retire de la relación laboral. Hay que proponer una ponderación acerca del interés del empresario de una fijación de largo plazo (del empleado formado a coste de la empresa) y el interés del empleado de tener la posibilidad de cambiar libremente el puesto de trabajo.

La devolución de pagas equivocadas (p. ej. error de cálculo, equivocada suposición de una prestación o equivocada clasificación) y pagas de remuneraciones no debidas, se orientan a la ley de enriquecimiento (§§ 812 ff. BGB).

16.5 Jubilación empresarial

La jubilación empresarial tiene su base jurídica en la ley de mejora de la jubilación empresarial (BetrAVG). Esta ley regula bajo otros aspectos el mantenimiento de las expectativas de pensión tras la finalización de relaciones laborales antes de la entrada del caso de abastecimiento.

La expectativa de jubilación que no tiene caducidad depende de las condiciónes como que el empleado tiene que haber cumplido como minimo los 30 años de edad y que la confirmación de abastecimiento existiera por lo menos 5 años (§ 1b I BetrAVG). En este contexto es insignificante si la relación laboral fué finalizada por despido ordinario o extraordinario o si fué finalizada por el empresario o por el empleado. Otros casos solo serían de validez si el empleado con derecho a abastecimiento expone un grave desequilibrio en la relación con el empresario y sus deberes de abastecimiento no parecen conciliables con el principio de fidelidad y buena fé, para poder mantener la confirmación de abastecimiento.

El empresario está obligado a informar al empleado, después de la finalización de la relación laboral, sobre los derechos que ha adquirido para recibir la jubilación empresarial y de cuándo puede hacer uso de éstos derechos (§ 2 VI BetrAVG).

16.6 Papeles de trabajo

Como papeles de trabajo cuentan en primer lugar:

Papel	Base jurídica
Certificado	§ 109 GewO, § 630 BGB, § 8, 19 BBiG
Certificado de vacaciones	§ 6 II BUrlG
Certificado de trabajo	§ 312 SGB III
Tajeta de impuestos	§ 41b EstG; § 114 LStR
Certificado de impuestos	§ 41b EStG, § 135 LStR
Carta de determinación de pago (sector de la construcción)	§ 2 BRTV-Bau
El comunicado a la seguridad social	§ 28a I SGB IV; § 25 DEÜV
Carné de la seguridad social	§§ 95 ff. SGB IV
Carta de pago	§ 368 BGB
Certificado de salud	p. ej.: § 18 BseuchG; § 32 JArbSchG

Con la finalización de la relación laboral, el empresario tiene que completar los papeles de trabajo y entregarlos al empleado. Este derecho resulta de la ley (§ 312 SGB III, § 39b I EStG, § 41b I EStG) y por razones de la obligación de asistencia postcontractual (§§ 985, 242 BGB). La entrega de tales documentos tiene que llevarse a cabo con la finalización real de la relación laboral, o sea, el último dia de trabajo. Si esto no fuera posible por razones organizativas, el empresario tiene que expedir un certificado intermedio.

El empresario no tiene derechos de retención. Si el empresario no cumple con su deber él mismo se hace responsable de los daños en el derecho privado ante el empleado y en el derecho publico ante la autoridad..

Un certificado de trabajo (§ 312 SGB III) le sirve al Inem para el establecimiento de la prestación de desempleo. Éste es un documento y no tiene ningún equivalente a certificaciones. El certificado de trabajo también es la base de cara a las decisiones que pueda tomar el Inem sobe plazos de suspensión:

- Si es que el empleado ha recibido indemnizaciones.

- Si la relación laboral ha sido finalizada sin previo aviso por el empresario, debido a una actitud contraria a lo estipulado en el contrato por parte del empleado (p. ej. robo).

Ante el Inem existe un derecho público que dice que el empresario tiene que expedir tal certificado. Si el empresario violara el deber de expedir tal certificación, negligente o deliberadamente, como por ejemplo:

- Con datos incorrectos e incompletos.
- No rellenando tal certificado.

Entonces, en este caso, éste tendría que substituir los daños causados al Inem (§ 321 SGB III).

El empleado tiene la posibilidad de denunciar al empresario para que éste expida la certificación y su entrega. Los responsables son los juicios laborales (§ 2 I Nr. 3e ArbGG). Si el empleado quiere que rellenen el certificado o reclamar correcciones, los juicios sociales son los responsables. Aquí se trata de una disputa del derecho público del campo de la seguridad social.

16.7 Renuncia

En la rama de la finalización, el empleado puede abstenerse a ciertos derechos. Por otro lado hay derechos que son irrenunciables.

16.7.1 Derechos renunciables

Al lado de derechos irrenunciables se puede renunciar cualquier otro derecho imaginable de la relación laboral. Estos son p. ej.:

- Derecho de remunerción tras haber terminado la relación laboral
- Derecho a indemnización de carencia.
- Derechos tras la ley de invención de empresa.
- Elevación y realización de una demanda de protección contra el despedido.

La renuncia a los derechos tine que ser expresada con claridad, ésta puede ser por ejemplo nombrada en el recibo de compensación.

16.7.2 Derechos irrenunciables

A los siguientes derechos no se puede renunciar:

Ley	Derechos
§ 13 BUrlG	El derecho mínimo a vacaciones y derechos de remuneración durante las vacaciones.
§ 8 EFZG	Derecho a remuneración.
§ 3 I BetrAVG	Expectativas de pensiones empresariales con respecto al retiro.
§ 77 IV BetrVG	Derecho a un acuerdo empresarial sin la afirmación del comité empresarial.
§ 4 IV TVG	Derechos de acuerdos colectivos sin la aprobación de los partidos tarifarios.

16.8 Certificado

Cada empleado tiene el derecho a recibir un certificado después de la finalización de su relación laboral (§ 109 GewO). En lo que concierne a esto, el empleado tiene el derecho de elegir entre un certificado simple y un certificado cualificado. El derecho al certificado, se clasifica en primer lugar en la entrega de un certificado simple, si el empleado quisiera un certificado cualificado tendría que pedirlo (§ 109 I GewO).

El certificado es un documento que le sirve al empleado como prueba de los trabajos realizados en su vida laboral y sus conocimientos y experencias laborales. Por esto, el certificado tiene que ser redactado de forma adecuada y tiene que tener también un fenotipo adecuado. Tiene que ser formulado obviamente y de manera comprensible y no puede contener características o formulaciones que tengan el objectivo de cambiar el valor informativo del texto sobre el empleado (§ 109 II GewO).

El contenido resulta de la especie de certificado que haya que exponer. Mientras que el certificado simple solamente contiene datos sobre la persona, la duración de la relación laboral y el tipo de trabajo realizado, el certificado cualificado contiene datos extras sobre el comportamiento y la rendimiento. Un certificado de formación por otro lado, tiene que contener datos como: categoria, duración, meta de la formación y datos sobre sus conocimientos y capacidades (§ 8 BBiG).

16.8.1 Deber de veracidad, buena voluntad

La verdad, es el principio superior a la hora de entregar el certificado. Por esto el certificado solamente debe contener hechos y no puntos de sospecha o presunción. Al lado del precepto de la verdad, el contenido del certificado también tiene que tener en cuenta el precepto de la buena voluntad a la hora de criticar al empleado, ya que las oportunidades del empleado a la hora de buscar otro empleo no se deben complicar innecesariamente.

El certificado por una parte debe de servir al empleado como base para una nueva solicitud de trabajo. Sus demandas por lo tanto estan en peligro si le infravaloran. Por otra parte el certificado debe servir para la información a un tercero que requiere la empleación del empleado, sus demandas por lo tanto están en peligro si el empleado por otro lado está sobrevalorado. Para equilibrar estos intereses contenciosos resulta práctico el principio superior que dice que el certificado tiene que contener la verdad.

Los dos principos principales, deber de veracidad y buena volountad, se limitan el uno al otro. Los sucesos negativos que hayan ocurrido realmente los cuales recaen contra el empleado de cara a su apreciación, están en contra del principio de no complicar el avanze laboral del empleado innecesariamente. Por eso se usan frases especificas estándar o se omiten criterios individuales (p. ej. lealtad) que se podrían esperar en un certificado.

Formulación para certificados:

"Él realizó siempre todas las labores que se le encomendaron muy satisfactoriamente"	= Perfecto
"Él realizó con éxito todas las labores que se le encomendaron"	= Muy bien
"Él realizó bastante bien todas las labores que se le encomendaron"	= Bien
"Él realizó bien las labores que se le encomendaron"	= Regular
"Él realizó de buena manera las labores que se le encomendaron"	= Mal
"Él se esmeró en realizar bien las labores que se le encomendaron"	= Muy mal

Como arriba mencionado, está prohibido decir cosas negativas sobre el empleado para no complicar su avance laboral. De la manera arriba indicada, las frases suenan siempre positivas. Hay que fijarse en cada palabra para entender el sentido de la frase y deducir así, si la empresa donde ha trabajado estaba totalmente satisfecha con el trabajo del empleado o si no lo estaba.

16.8.2 El momento del otorgamiento / Entrega

El derecho a la entrega de un certificado nace con la finalización de la relación laboral o de la relación de formación profesional (§ 630 BGB, § 109 GewO, § 8 BBiG). Si un empleado exige un certificado durante su relación laboral y tiene un fundado interés (p. ej. cambio de un jefe) entonces el empresario tiene que exponer sin demora el llamado "certificado provisional".

Si un certificado contiene representaciones falsas o alegaciones incorrectas, el empleado puede exigir que le expongan un nuevo certificado ya que una simple corrección no es suficiente. Dado el caso, un certificado puede ser tramitado en un procedimiento del tribunal laboral. Los tribunales laborales, eventualmente, estan autorizados a formular el certificado de nuevo por su cuenta.

16.8.3 Responsabilidad del empresario

Si un empresario viola culpablemente lo que dice el § 276 BGB (su deber de entregar un certificado), el empresario es responsable acerca los daños causados al empleado por no haber entregado el certificado. Esto es igualmente válido para certificados que son atribuidos con retraso o que nunca fueron atribuidos como para certificados con indicaciónes sobre hechos falsos o valoraciones equivocadas. Un certificado falso también puede causar daños a un nuevo empresario si éste confía en la exactitud del certificado y contrata al empleado.

El otorgante del certificado es responsable si actúa contra las buenas costumbres y causa daños deliberados a un tercero (nuevo empresario) (§ 826 BGB).

Como daño al empleado, se calcula el importe que pierde debido p. ej. a que el certificado haya sido expuesto demasiado tarde y el empleado no ha sido contratado o sí que ha sido contratado pero con un salario menor. El volumen del daño, que ha de ser substituído por el próximo empresario, se calcula según los §§ 249 BGB. Después, el empresario que elaboró el certificado, tiene que rehacer el estado que debiera tener el certificado, si la circunstancia que obliga el reembolso nunca hubiera ocurrido.

<table>
<tr><th colspan="3">Contenido</th></tr>
<tr><th rowspan="2">Certificado de trabajo</th><th colspan="2">Certificado</th></tr>
<tr><th>Simple</th><th>Cualificado</th></tr>
<tr><td>Datos sobre la persona, tipo y duración de la relación laboral, salario, pagas de indemnización, causa del despido.</td><td>Datos sobre la persona. Tipo y duración de la relación laboral.</td><td>Como en el certificado simple pero especificando más datos sobre la prestación y el rendimiento.</td></tr>
</table>

16.9 Información del antiguo empresario

El posible nuevo empresario tiene el derecho de recoger información del que se promociona por medio del antiguo empresario. Tal derecho de información no puede llevarse a cabo si el que se promociona no se lo permite al posible futuro empresario.

El antiguo empresario está obligado a dar información sobre la prestación y el rendimiento del antiguo empleado siendo leal a los principios de veracidad y buena voluntad. Aquí existe el mismo principio que a la hora de expedir el certificado y es que se le deja libertad al antiguo empresario a la hora de decir si el antiguo empleado fué bueno, muy bueno o excelente. Hay que tener también en cuenta a la hora de dar la información, que no se debe dar la impresión de que se califica al antiguo empleado de manera distinta a la que se ha especificado en el certificado.

Si el antiguo empresario no diera la información, no la diera a tiempo o ésta fuera falsa, éste tendría que cargar con los daños que por esto le resulten al antiguo empleado.

17 El derecho constitucional empresarial

El derecho constitucional empresarial (BetrVG) es una parte del derecho laboral colectivo. Hay que delimitar el derecho constitucional empresarial del término participación empresarial que prevee una colaboración a nivel empresarial.

La idea fundamental del BetrVG es la constructiva cooperación entre el empresario y la representación del personal para seguir unos objetivos comunes, lo que sería:

El bien de la empresa y del personal.

La base jurídica para alcanzar estos objetivos se encuentra en el § 2 I BetrVG y dice que:

Los representantes empresariales tienen que colaborar con total confianza.

17.1 El comité empresarial

El comité empresarial está creado por la representación legal del personal de la empresa (BetrVG). Éste tiene que representar los intereses del empleado pero también ha de tener en cuenta los intereses de la empresa. Éste trabaja a nivel empresarial. Si una empresa se compone de varias pequeñas empresas, se creará un comité empresarial a nivel general, en el que los comités empresariales de las empresas pequeñas envían a sus delegados. Para una multinacional se puede crear un comité empresarial a nivel multinacional mediante el comité empresarial general.

El empresario y el comité empresarial tienen el deber de trabajar juntos manteniendo una gran confianza (§ 2 I BetrVG). Por lo menos una vez al mes se tienen que reunir para dar a conocer los tratados que se quieren imponer para obtener la aceptación de la empresa y para hacer proposiciones para quitar de en medio mal entendidos y diferencias de opiniones (§ 74 BetrVG).

Los comités empresariales se crean en las empresas que tienen por lo menos cinco empleados electores de los que por lo menos tres pueden ser elegidos (§ 1 BetrVG). El mandato del comité empresarial dura cuatro años (§ 21 BetrVG).

Las elecciones periódicas tienen lugar cada 4 años, desde el 1 de Marzo hasta el 31 de Mayo (§ 13 BetrVG). Fuera de este tiempo sólo se puede volver a votar un comité empresarial en casos excepcionales, entre otros casos, cuando por ej.: después de haber pasado 24 meses después de la elección y el número de empleados se ha reducido por 50 personas o por lo menos a la mitad, o si igualmente se ha elevado o subido por 50 personas (§ 13 II BetrVG).

17.1.1 Derecho al voto

Los empleados son los que votan al comité empresarial. Del derecho al voto disfrutan todos los empleados que hayan sobrepasado los 18 años de edad (§ 7 BetrVG). La duración de pertenencia a la empresa, no tiene nada que ver a la hora de tener derecho al voto. Los aprendices, trabajadores en formación, voluntarios, practicantes, becarios o trabajadores a domicilio también tienen derecho al voto mientras que trabajen principalmente para la empresa. También los empleados a jornada parcial tienen derecho a éste como los llamados a realizar el servicio militar (aunque mientras que realicen el servicio militar descanse la relación laboral) y trabajadores prestados que estén más de 3 meses en la empresa tienen también derecho al voto.

Elegibles, son todos aquellos que pertenezcan más de 6 meses a la empresa o trabajadores a domicilio que trabajen principalmente para la empresa (§ 8 I BetrVG). En fundaciones nuevas (que existan menos de 6 meses, serán elegibles los empleados que su puesto de trabajo tenga que ver con la introducción de elecciones del comité empresarial y que cumplan con las condiciones de elegibilidad (§ 8 II BetrVG).

17.1.2 El proceso electoral

El comité empresarial será elegido en secreto (§ 14 BetrVG). Para la elección entra en vigor el principio de elección proporcional. Si solo se entrega una propuesta de elección se elegirá según el principio de derecho electoral de mayoría. El sindicato representado en la empresa y los empleados con derecho al voto pueden hacer propuestas para elecciones (§ 14 BetrVG).

La ejecución de las elecciones está detalladamente protegida en el § 20 BetrVG. Nadie tiene el derecho de obstruccionar las elecciones y el derecho al voto no puede ser limitado ni activa ni pasivamente. Los gastos relacionados con las elecciones van a cargo del empresario (§ 20 III BetrVG). Los miembros de la mesa electoral así como los candidatos electorales están especialmente protegidos contra el despido (§ 15 III KSchG).

17.1.3 La composición del comité empresarial

El número de los miembros del comité empresarial está regulado en el § 9 BetrVG y se orienta hacia el número de empleados que tiene la empresa. Según el § 15 BetrVG, el comité empresarial se compone de empleados de los individuales sectores organizativos. Tanto mujeres como hombres tienen que ser representados conforme a su proporción numérica en la empresa.

17.1.4 La situación jurídica de los miembros del comité empresarial

Los miembros del comité empresarial realizan una labor libre y sin retribución (§ 37 BetrVG) pero no por este motivo tienen el derecho a ser favorecidos o desfavorecidos (§ 78 BetrVG). Si durante el horario de trabajo individual, el comité empresarial necesita del apoyo de los miembros, al empleado perteneciente a éste hay que darle permiso para dejar el trabajo y acudir a la junta del comité (§ 37 II BetrVG) lo que así llamamos "libertad laboral".

Los miembros del comité empresarial disfrutan de una especial protección contra despido que deniega por lo general el despido procedente. El despido improcedente necesitaría de la específica confirmación del comité empresarial. Si se niega una confirmación, ésta puede ser sólamente sustituida por el tribunal laboral (§ 103 BetrVG; § 15 I KSchG).

Derechos de los miembros del comité empresarial

Protección contra despido	Prohibicion de perjuicio e impedimento	Protección salarial	Libertad laboral	Derecho a formación
§15 KSchG; § 103 BetrVG	§§ 37 V, 38, 78 BetrVG	§§ 37 IV, 38 III BetrVG	§ 37 II, III BetrVG	§ 37 VI, VII BetrVG

Los miembros del comité laboral también han de ser liberados del trabajo individual para poder asistir a cursos formativos o a seminarios de formación, sin que por eso se rebaje el importe de la nómina (§ 37 BetrVG) siempre que se cumpla con estas condiciones:

1. Los conocimientos que se trasmitan han de ser necesarios para desarrollar las actividades del comité laboral. Es necesaria la intermediación de conocimientos que se basen en situaciones concretas que se necesi-

ten en la empresa y para que los miembros del comité empresarial puedan desarrollar adecuadamente su labor (§ 37 VI BetrVG).

2. Cada miembro del comité empresarial tiene derecho a ser liberado de su trabajo individual para recibir en total 3 semanas remuneradas de cursos de formación y seminarios formativos, que están aprobadas como adecuadas por el ministro de trabajo. Los conocimientos que se transfieren en estos seminarios, tienen que estar expresamente relacionados con las actividades necesarias para desarrollar el trabajo en el comité empresarial. Para los empleados que por primera vez son miembros del comité empresarial se ha de aumentar la liberación laboral individual a 4 semanas para asistir a estos seminarios formativos (§ 37 VII BetrVG).

17.2 Reunión empresarial

La reunión empresarial es un órgano del régimen empresarial pero no tiene poder representativo y no puede por este motivo expresar declaraciónes de voluntad que causen efecto de cara a los empleados. La reunión empresarial sirve como medio de información para los empleados. Generalmente la reunión empresarial se compone de todos los empleados de la empresa. Una reunión empresarial parcial puede realizarse excepcionalmente cuando no se puede reunir a todos los empleados al mismo tiempo debido a la peculiaridad de la empresa (§ 42 I S. 3 BetrVG).

Las reuniones empresariales se pueden diferenciar entre ordinarias y excepcionales. Las reuniones empresariales ordinarias son las que tienen lugar regularmente, en etapas determinadas. Las excepcionales son aquellas que tienen lugar por ocasiones determinadas o por exigencia de los empleados o del empresario (§ 43 III BetrVG).

Las reuniones empresariales tienen normalmente lugar en la empresa durante el horario de trabajo, por lo cual el empresario debe de tener salas apropiadas al servicio de estas reuniones. Aquí, el tiempo de trabajo pasa a ser el tiempo empresarial. Realizar una reunión empresarial fuera de los horarios de trabajo, sólo está permitido si no hay otro remedio debido a la peculiaridad de la empresa.

17.3 El comité económico

El § 106 I BetrVG exige que se tiene que formar un comité económico en todas las empresas que mantengan continuamente la cifra de más de 100 empleados. El comité económico consta de por lo menos tres y como máximo de siete miembros (§ 107 I BetrVG) y éstos tienen que pertenecer a la empresa. Un miembro del comité económico tiene que ser también miembro del comité empresarial y los miembros del comité económico son elegios por el comité empresarial (§ 107 II BetrVG) y su mandato está ligado al mandato del comité emrpesarial.

El comité económico se ha de reunir una vez al mes y tienen la labor de consultar con la empresa sobre las distintas situaciones económicas y de informar sobre éstas al comité empresarial. En el BetrVG son nombradas algunas tareas importantes a relizar por el comité económico (§ 106 III BetrVG) aunque éstas no sean concluyentes. Esto significa que al comité económico le podrán surgir otros asuntos económicos para asesorar e informar aunque no estén especificados por la ley.

17.4 Representación de menores o aprendices

Una representación extra en la organización empresarial es la representación de menores o de aprendices (§ 72 ff. BetrVG). Aquí, al empleado menor y al aprendiz que sean mayores de 18 años, les será impuesta por el comité empresarial una representación conjunta para estos casos especiales.

17.5 Derecho individual en la constitución empresarial

El BetrVG no es fundamentalmente aplicable en las empresas en las que no existe un comité empresarial, mientras que los derechos de colaboración y de reclamación (§ 81 ff. BetrVG) le corresponden al empleado individualmente independientemente de que exista un comité laboral o no y también son válidos para las pequeñas empresas.

Derechos de participación de los empleados individuales	
Derecho a información:	El empresario tiene el deber de informar a todos los empleados sobre sus deberes, responsabilidades, labores a realizar (según su puesto en la empresa), protección laboral y cambios en el terreno laboral (§ 81 BetrVG).

Derecho a audiencia:	Cada empleado tiene individualmente la posibilidad de ser escuchado en preguntas relacionadas con el terreno personal o profesional, opinar o tomar iniciativa. De este modo el empleado puede p. ej.: hacer propuestas de mejora de su puesto de trabajo o de su trabajo en sí (§ 82 I BetrVG).
Derecho a debate:	Cada empleado puede exigir que se le expicifique el cálculo de su nómina y la apreciación de su rendimiento para así poder debatir las posibilidades de su desarrollo laboral (§ 82 II BetrVG).
Derecho a conocimiento:	Cada empleado tiene el derecho a exigir conocer su expediente personal (§ 83 BetrVG).
Derecho a reclamación:	El empleado tiene derecho a quejarse a su directivo de cualquier asunto que a él le concierna y el empresario debe de dar una sentencia sobre la queja y ponerle solución, si es que la reclamación tuviera fundamento (§ 84 BetrVG).
Derecho a propuestas:	Cada empleado tiene el derecho a proponer temas al comité empresarial para su asesoramiento (§ 86a BetrVG).

La ley de régimen empresarial no es aplicable a empleados directivos aunque éstos estén empleados. Según el § 5 III BetrVG los empleados directivos están según su función y su contrato laboral:

- Autorizados generalmente o por poder.
- Autorizados a contratar o a despedir a alguien independientemente.
- Autorizados a ejercer trabajos de especial importancia para la empresa.
- Pueden mostrar y poner en marcha experiencias y conocimientos especiales.
- Disponen considerablemente sobre poder decisivo.

17.6 Intervención del comité empresarial

El núcleo de la ley de régimen empresarial regula la intervención del comité empresarial. La dimensión del derecho a participación en este terreno es muy diferente. La intervención es un derecho de participación más dévil que la participación y pasa a ser de una información a una audiencia hasta llegar al asesoramiento. Aquí se trata considerablemente de que después de todo, el empresario se queda libre de decisiones.

Intensidad de la participación

Derecho a iniciativa

Derecho a veto positivo

Derecho a veto negativo

Derecho a oposición

Derecho a negociación

Derecho a asesoramiento

Derecho a audiencia

Derecho a participación

Derecho a proposición

Derecho a control

Derecho a observación de expedientes

Derecho a información

Débil ← Fuerza de la influencia → Fuerte

En la participación, tienen el empresario y el comité empresarial los mismos derechos, lo que significa que el empresario no puede tomar medidas de obligación de participación sin la afirmación del comité empresarial o de su sustitución obligatoria mediante una sentencia que toma el comité conciliador. Entre otras cosas, esto conlleva que el comité empresarial pueda poner en marcha diferentes medidas y en caso contrario pueda lograr su voluntad propia contra la voluntad del empresario mediante la sentencia del comité conciliador (§ 87 II BetrVG).

Las tareas generales del comité empresarial

Las tareas generales del comité empresarial están expecificadas en el § 80 BetrVG. Aquí se trata de:

1. Supervisar el que se mantengan las normas jurídicas laborales legales que se aplican para favorecer al empleado;
2. Petición de medidas que sirvan a la empresa y a la plantilla;
3. Imposición de igual trato a mujeres o a hombres;
4. Recepción de sugerencias y de los representantes de los jóvenes;
5. Trabajar en grupo con los representantes de los jóvenes y de los aprendices;
6. Promoción de la ocupación de los empleados mas mayores;
7. Integración de empleados extranjeros;
8. Fomento y seguridad de ocupación en la empresa;
9. Fomento de medidas de protección laboral y de la protección empresarial ambiental.

17.6.1 Asuntos sociales

La participación en los asuntos sociales que conllevan los contratos colectivos, se regula concluyentemente en el § 87 BetrVG.

Bajo asuntos sociales la ley entiende todas aquellas preguntas referentes a la configuración de las condiciones laborales, además, aquí también se cuenta la protección laboral (en especial: protección de salud y de accidentes) y la configuración de los equipos sociales.

La participación social (§ 87 BetrVG):

1. El orden empresarial y el comportamiento de los empleados en la empresa;
2. Comienzo y final del tiempo de la jornada laboral diaria incluyendo las pausas así como la distribución del tiempo laboral de cada dia de la semana;
3. Acortamiento o alargamiento temporal del tiempo de trabajo normal en la empresa;
4. Momento, lugar y manera para pagar los salarios;
5. Colocación del principio general vacacional, del plan vacacional como de la determinación de la situación actual de las vacaciones para los empleados, si es que no se llegara a un acuerdo entre el empresario y el empleado;
6. Introducción y empleo de las instalaciones técnicas que existen para vigilar el comportamiento o el rendimiento del empleado;
7. El reglamento para la prevención de accidentes laborales y enfermedades profesionales así como sobre la protección de la salud en el terreno de las reglas judiciales o de las reglas de prevención de accidentes;
8. Manera, configuración y administración de las instalaciones sociales que están limitadas al radio de acción de la empresa, negocio o multinacional;

9. Asignación y rescisión de espacios habitables que le sean alquilados al empleado para poder mantener una relación laboral así como las normas de uso generales;
10. Preguntas referentes a la configuración del sueldo, en especial, detallar el principio remuneratorio y la introducción y uso de nuevos métodos de remuneración así como de si sufren algún cambio;
11. Determinación de los premios o primas y de lo que se refiera a la prestación del factor monetario;
12. Principio del sistema empresarial de propuestas o sugerencias;
13. Principios sobre la ejecución de trabajo en equipo.

De los muchos derechos de participación en el terreno social se destacan ejemplarmente las siguientes reglas empresariales:

- Introducción de jornada flexible.
- Autorización del suplemento por penosidad.
- Reglamento sobre el control telefónico.
- Vacaciones empresariales.
- Cambio de salario por tiempo a salario por destajo.
- Manera de llevar el plan empresarial de pensiones.
- Utilización del reloj de fichar.
- Arrendamiento de la cantina.
- Prohibición de fumar.
- Momento de pagar las comisiones.
- Orden al aparcar.
- Organización del sistema de sugerencias.
- Reglamento del jardín de infancia empresarial.
- Pago salarial por vía bancaria.
- Asumir costes para ropa de protección laboral.

17.6.2 Configuración del puesto de trabajo y de la manera de realizarlo

El empresario está obligado a informar al comité laboral sobre nuevos planes, ampliación de fabricación o de administración y del procedimiento laboral (§ 90 BetrVG). Entre las novedades a informar se comprenden proyectos que sean adecuados a la dimensión del procedimiento laboral y que tengan efectos concretos desfavorables para el proceso laboral.

Para llevar a cabo estas medidas, hay que realizar a tiempo la información y el asesoramiento del comité empresarial mediante el empresario para que, si hubieran puntos a discutir o otras sugerencias por parte del comité empresarial, éstos puedan ser considerados. El comité empresarial tiene que tener la posibilidad de añadir en las operaciones del empresario su conocimiento sobre medicina laboral y psicología laboral.

Al comité empresarial se le concede un derecho de participación coercible si la operación del empresario va en contra de los conocimientos de la ciencia laboral (§ 91 BetrVG).

17.6.3 Asuntos personales

La planificación del personal

El comité empresarial tiene derecho a ser informado por parte del empresario sobre la planificación del personal, ante todo, sobre la necesidad de planificar personal (§ 92 I BetrVG). La información debe de ser dada a tiempo. Aparte, el empresario está obligado a asesorarse con el comité empresarial (forma y volumen) sobre las medidas necesarias para la realización de planificar personal. Aquí hay que tener muy en cuenta el evitar casos especiales como por ejemplo contratar a más personal del necesario y luego tener que despedirlo.

La introducción, así como la modalidad de la planificación del personal tienen que ver exclusivamente con el ámbito de incumbencia del empresario. De todos modos el comité empresarial tiene derecho a insinuar el introducir una planificación como esta siempre que el empresario no haya institucionalizado hasta ahora ésta en la empresa (§ 92 II BetrVG).

Anuncio de empleo interno

El comité empresarial tiene derecho a exigir el ofertar puestos de trabajo en la empresa, siempre que las plazas estén libres o vayan a estar libres proximamente y se planee el cubrirlas (§ 93 BetrVG). Conjuntamente, el puesto de trabajo a cubrir puede ser ofertado de manera externa por la empresa. El deber de cubrir la plaza de trabajo sólo mediante candidatos internos no existe.

Si con la oferta de trabajo no se satisface lo que exige el comité empresarial, éste puede negarse a aceptar las medidas correspondientes al personal (§ 99 II Nr. 5 BetrVG).

Cuestionario del personal y sistema de evaluación

Independientemente del terreno de decisión del empresario existe también la posibilidad de introducir un cuestionario personal o un sistema de evaluación, tambien cuentan cambios del contenido de cuestionarios ya existentes. Si se planea tal introducción o cambio, es labor del comité empresarial decidir la aceptación de este proceso (§ 94 I BetrVG). Si no se llega a un acuerdo hay que llevar el caso al así llamado „órgano conciliador“

que llegará a un veredicto con el que se sustituirá el acuerdo entre el empresario y el comité empresarial.

Directiva de selección

Según el § 95 BetrVG el comité empresarial tiene derecho a participar a la hora de establecer las lineas de directivas, sobre la elección personal a la hora de contratar a alguien, reagrupaciones, traslados y despidos. En las empresas de más de 500 empleados, el comité empresarial tiene derecho a la iniciativa para el establecimiento de la directiva (§ 95 II BetrVG). La directiva a elegir, puede tener fundamentalmente solo criterios generales pero no puede establecer reglamentos detallados individuales.

Según el § 99 II Ziff. 2 BetrVG el comité empresarial puede denegar la conformidad a las medidas individuales personales que según la opinión del comité empresarial infringen las medidas de la directiva (derecho de veto).

17.7 Formación profesional

El comité empresarial puede influenciar también en la formación profesional. Esto conlleva asesoramiento y medidas de fomento sobre todo para los empleados de más edad y medidas de construcción y equipamiento de salas para la formación profesional en la empresa (§§ 96, 97 BetrVG). También la realización de las medidas para la formación profesional depende de si son aceptadas por el comité empresarial. Éste, también puede exijir que a según qué personas se les suspenda, por ejemplo por falta de actitud profesional. Aquí, en caso de haber un conflicto jurídico, decidirá el tribunal laboral. La diferencia de opiniones sobre el grupo de participantes de las medidas de formación dentro de la empresa, serán reguladas por el órgano conciliador (§ 98 BetrVG). Lo mismo es válido para las medidas que llevan a cambiar las actividades de los empleados afectados y que sus conocimientos y capacidades profesionales no basten para seguir efectuando sus labores (§ 97 II BetrVG).

17.8 Medidas individuales personales

Según la ley de régimen empresarial, se entiende por medidas individuales personales: La nueva contratación, agrupaciones, reagrupaciones y traslados (§ 99 BetrVG). El derecho a participación del comité empresarial de estas medidas empresariales se compone por lo general de mas de 20 empleados electores. El empresario debe de mostrar obligatoriamente los documentos que correspondan a la información general de estas medidas.

Estos documentos deben de explicarse extensa y detalladamente de manera que el comité empresarial pueda formarse individualmente un veredicto.

El comité empresarial puede negarse, en el plazo de una semana después de haber recibido la documentación y presentar sus motivos, a aceptar dichas medidas. El rechazo debe de conllevar hechos mediante los cuales se sitúa al empresario en el lugar de poder estimar las posibilidades de un proceso laboral jurídico § 99 IV BetrVG.

El empresario puede ejecutar provisionalmente las medidas que él mismo pretende, si es que por motivos objetivos fuera urgente y necesario (§ 100 BetrVG). En estos casos, el empresario tiene que informar al comité empresarial lo antes posible de esto (§ 100 II BetrVG). El empleado tiene que ser avisado sobre la provisionalidad de la medida, de lo contrario se expone el empresario a que el empleado le exiga la indemnización que corresponda. Si el comité empresarial negara la urgencia para tomar estas medidas, el empresario, 3 dias después de conocer la opinión del comité empresarial, tendría que proponerle al tribunal laboral que sustituyan la confirmación del comité empresarial (§ 100 II BetrVG).

17.9 Despidos

Antes de un despido, bien sea procedente o improcedente hay que escuchar la opinión del comité empresarial (§ 102 I BetrVG). La ley contiene en este caso la determinación de que un despido pasará a no tener validez si antes no se ha consultado la opinión del comité empresarial. Por otro lado, después de haber escuchado al comité empresarial, un despido puede tener validez si el comité empresarial contradice algunos de los motivos expuestos en el § 102 III BetrVG, o sea:

- Cuando el empresario no haya tenido en cuenta suficientes puntos sociales a la hora de elegir al empleado a despedir;
- Cuando el despido falte a la directriz según el § 95 BetrVG;
- Cuando el empleado a despedir pueda cubrir otro puesto de trabajo en la misma empresa;
- Cuando se pueda seguir manteniendo al empleado en la empresa proponiéndole nuevas medidas de estudios razonables o seguir manteniéndolo en la empresa cambiando las condiciones del contrato, siempre que esto sea aceptado por el empleado.

Si el comité empresarial contradice esto, el empresario está obligado a presentar al empleado junto con el despido, una copia de la toma de posición del comité empresarial (§ 102 IV BetrVG). El empleado puede también, en referencia a esto, demandar al empresario protección por despido y éste tiene el derecho a seguir trabajando en la empresa bajo las mismas condiciones laborales hasta que se llegue a un veredicto final en el juicio (§ 102 V BetrVG).

El tribunal laboral puede declarar como resolución provisional, si es que el empresario lo requiere, liberarlo del deber de seguir teniendo al empleado trabajando en la empresa cuando:

- La demanda no tenga una perspectiva de éxito o parezca intencionada;
- El seguir manteniendo al empleado llegue a ser una carga económica inexigible para el empresario;
- La oposición del comité empresarial no tenga aparentemente fundamento.

17.10 Asuntos económicos

Se ha de llevar a cabo la participación tanto mediante en los asúntos económicos del comité laboral así como del comité económico.

Para formar un comité económico (mediante el BetrVG) han de haber en una empresa por norma general mas de 100 empleados constantemente y ésta ha de tener las instalaciones necesarias para poder fomentar el trabajo en equipo fundado en la confianza y así mismo asegurar el paso de la información económica de unos a otros. En la ley del derecho constitucional empresarial se concreta la definición de esta tarea en los §§ 106 y siguientes. Aquí pertenecen la introducción de nuevos métodos de trabajo, el programa de producción y de la situación económica de la empresa, la información y asesoramiento de la situación financiera de la empresa del programa de investigación y del planteamiento de racionalización.

Los temas que se negocien en el comité económico conciernen en parte al estado actual de la empresa pero también en parte a la planificación para su futuro desarrollo, como por ejemplo la programación de producción. El comité económico no es responsable de los acuerdos conjuntos que se tengan pensado hacer realidad proximamente. Si surgieran planes de la dirección de la empresa en un estado agudo,el empresario no tendría que entenderse con el comité económico si no con el comité empresarial.

El comité empresarial puede participar en asuntos económicos en un negocio que tenga generalmente mas de 20 empleados electores, en el momento en que las medidas empresariales tengan que surfrir las consecuencias de limitación, paralización, traslado o una asociación de empresas (cambio empresarial) y estas desventajas recaigan sobre el personal o sobre parte de éste (§§ 111–113 BetrVG). Cuentan como desventajas por su puesto la pérdida del puesto de trabajo y además otras dificultades como la necesidad de tener que mudarse a vivir a otro sitio si es que se traslada la empresa o tener un recorrido más largo hasta el puesto de trabajo y por consecuente tener que llevar dos hogares distintos con los gastos que esto conlleva.

El § 112 BetrVG distingue entre:

- La reconciliación de intereses sobre el cambio empresarial planeado.
- El plan social sobre la compensación o reducción de las desventajas económicas para el empleado por consecuencia del cambio empresarial planeado.

La reconciliación de intereses

La reconciliación de intereses se extiende de manera que el cambio empresarial planeado se va a realizar en el perímetro planeado y según la manera planeada por la empresa. En esta decisión empresarial-económica se le concederá al comité empresarial la posibilidad de influenciar sobre la decisión de planificación. Aquí, el comité empresarial puede informar sobre su toma de posición con referencia a los conocimientos que le hayan sido comunicados según el § 111 BetrVG, así como de la situación económica y además de cómo realizar el cambio empresarial.

El plan social

Mientras que se extiende la reconciliación de intereses sobre las medidas a tomar económicas, el plan social está para servir sobre todo a la compensación o la reducción que surjan como desventajas para el personal a consecuencia del cambio empresarial. Éste pone un cambio empresarial en un perímetro concreto y de un modo concreto del que se dió anteriormente, pero aquí no es condición para el plan social que exista una reconciliación de intereses.

El plan social conlleva un acuerdo empresarial (§ 112 I S. 3 BetrVG), lo que significa que además de los acuerdos a los que se está obligado, entre el empresario y el comité empresarial, pueden también resultar derechos y exigencias de empleados individuales con tales resultados que el empleado puede realizar derechos propios del plan social.

Además, el plan social es coercible cuando el cambio empresarial planeado significa expresamente reducir personal (§ 112a BetrVG). Aquí son válidas ciertas medidas:

Tamaño de la empresa	Personal a reducir planeado
Mas de 20 y menos de 60 empleados	20 %, pero mínimo 6 empleados
De 60 a 250 empleados	20 % o como mínimo 37 empleados
De 250 a 500 empleados	15 % o como mínimo 60 empleados
500 empleados o mas	10 % o como mínimo 60 empleados

Compensación por desventaja

Si el empresario realiza un cambio empresarial sin haber hablado antes con el comité empresarial sobre la reconciliación de intereses y éste cambio conlleva el despido de algún empleado o desventaja económica, el empresario está obligado por la ley a compensar estas desventajas (§ 113 III BetrVG).

17.11 El órgano conciliador

Es órgano conciliador es un institución del régimen empresarial para aquellos casos en que el derecho a participación del comité empresarial no lleva a un acuerdo entre éste y el empresario (§ 76 BetrVG). Por esto, el órgano conciliador no decide cuestiones jurídicas si no que regula las disputas.

Se diferencia entre la cración y la actividad del órgano conciliardor:

- Preguntas de la participación obligada (§ 87 I BetrVG),
- Las demás preguntas.

En el caso de la participación obligada, el órgano conciliador trabajará para la parte que lo haya requerido, bien sea el comité empresarial o el empresario. En la participación obligada, el órgano conciliador se pone en movimiento por demanda del comité empresarial o por parte del empresario. La sentencia es para las dos partes vinculante sin que sean necesarios otros medios para llegar a un acuerdo (§ 87 II BetrVG).

Si no existiera un constante órgano conciliador, habría que crearlo. Seguidamente hay que pedir un árbitro presidencial, convenientemente, una persona que tenga experiencia con casos legales laborales (p. ej.: juez del tribunal laboral o un especialista de derecho laboral). Si no hay acuerdo entre las dos partes para elegir a una persona, el tribunal laboral pedirá una persona presidencial (§ 76 II BetrVG). Después de pedir a la persona presidencial, el comité laboral y el empresario nombrarán a los asesores (de 1 hasta 3 para cada parte). Para escoger a los asesores disfrutan las dos partes de libertad; ni tienen que pertenecer a la empresa ni una parte de los magistrados puede rechazar a la otra parte.

Aunque el órgano conciliador tiene un poderoso margen de maniobra, está por otro lado limitado, ya que por un lado están las leyes y los acuerdos colectivos y por otro lado está la situación empresarial y los intereses de los trabajadores. Los gastos que conlleve el órgano conciliador recaen sobre el empresario (§ 76a BetrVG).

Órganos conciliadores también pueden dar respuestas a otras preguntas. Su veredicto tiene la índole de propuestas para las dos partes, siempre que no haya que someterse al veredicto del órgano conciliador que hubiera anteriormente.

Proceso antes de llegar al órgano conciliador

Convocatoria de la junta	⇒	• Mediante el presidente • Cita y lugar de la junta
La junta	⇒	• A puerta cerrada • Audiencia legal • Propuesta • Representación posible mediante un abogado • Testigos y decisión pericial
La sentencia	⇒	• Después de negociar verbalmente • Mayoría de votos • Forma escrita • Firma del presidente • Fundamento / Motivación • Transmisión al empresario y al comité empresarial • Efecto producido en el acuerdo empresarial
Exámen jurídico	⇒	• En caso de abuso de poder • Plazo de dos semanas

Terreno de acción del comité empresarial

Terreno de acción del comité empresarial

Medidas a tomar individuales	Enfoque. Agrupación predominante. Traslado. Transformación. Despido.
Configuración salarial empresarial	Principios de remuneración. Modo de remuneración.
Configuración del proceso laboral	Comienzo y final del horario laboral. Distribución del horario laboral en los dias de la semana. Determinación de las pausas. Introducción de horas extras o de reducción de horario.
Configuración del puesto de trabajo	Adaptación del trabajo a las personas.
Protección laboral y de la salud	Protección contra accidentes. Chequeo contra accidentes.
Orden empresarial Comportamiento del empleado	P. ej.: controles en la entrada. Prohibición de fumar. Relojes de fichar.
Prestaciones sociales	Ayuda social. Apoyo. Subsidio. Cantinas. Pisos pertenecientes a la empresa. Retiro.
Medidas económicas y organizativas	Cierre empresarial. Cambio empresarial. Cambios en la producción o del objetivo empresarial.

18 El comité empresarial europeo

Con la ley sobre los comités empresariales europeos (EBRG) hay que llevar a cabo una detallada información y audiencia de los empleados de las empresas aquí incluidas y de los grupos de empresas de toda la comunidad. El objetivo es llegar a crear una gran flexibilidad mediante el trato de soluciones entre los interesados.

Aplicable, es la ley de los negocios activos de toda la comunidad con asiento en Alemania, en los países pertenecientes a la Comunidad Europea así como en el espacio económico europeo con por lo menos 1.000 empleados en total y de éstos tiene que tener cada uno como mínimo 150 empleados en dos de los estados afiliados (§§. 1–3 EBRG). La EBRG existe además si se presentan las condiciones expuestas en el art. 2 II EBRG para las empresas internacionales o grupos de empresas con asiento en terceros estados.

18.1 Acuerdo sobre información y audiencia

La ley detalla la prioridad de las soluciones acordadas con muchas posibilidades de configuración:

- La creación de uno o mas comités empresariales europeos, también en ramas relacionadas (EBR incluida la formación de comisiones)
- La introducción de otros procesos de información y audiencia (p.ej.: procedimientos descentralizados sobre la dirección empresarial o procedimientos regionales).

Para llegar a una solución mediante acuerdos, hay que crear un comité de negociación y el trabajo de éste consiste en asentar un acuerdo con la dirección central de la empresa o del grupo de empresas sobre una detallada información y audiencia a los empleados (§ 8 EBRG). El volumen y la composición del comité se deciden según el principio representativo (Domicilio social garantizado para un representante de cada uno de los estados afiliados) y según la proporción (representantes adicionales y representantes de los estados afiliados con un gran número de empleados). La condición para la creación de este comité especial de negociación es que: o que la dirección central dirija la creación del comité de negociación o hay que formular una proposición de 100 empleados, o sea, de sus representantes de dos de los diferentes estados afiliados (art. 9 I II EBRG).

18.2 Comité europeo con fuerza de ley

Cuando la dirección central de la multinacional no ha negociado antes de 6 meses y en el plazo de 3 años no se ha llegado a acordar ninguna solución o ambas partes han comunicado a tiempo el fracaso de las negociaciones, se creará un comité europeo con poder de ley (§ 21 EBRG). La determinación del volumen (como máximo 30 afiliados) y la composición del comité empresarial europeo se determinará teniendo en cuenta los principios de representación y proporcionalidad.

La responsabilidad del comité empresarial europeo se limita a asuntos económicos que como mínimo incumben a dos empresas o negocios de los diferentes estados afiliados.

La información y la audiencia del comité empresarial europeo sobre la evolución de la situación empresarial y las perspectivas de toda la comunidad de negocios activos (o de grupos de negocios) sobre la situación económica y financiera, situación de ocupación, investiciones, almacenamiento de producción y despidos masivos, ocurre una vez cada año. Además el comité empresarial europeo tiene que informar y escuchar sin falta en situaciones excepcionales como p. ej.: almacenamiento de producción, paralización de empresas o negocios o despidos masivos (§ 33 EBRG).

El comité empresarial europeo tiene que elegir a un presidente y a un subpresidente (§§ 25 y siguientes EBRG), que le represente exteriormente. El presidente dirige generalmente los negocios actuales. En un comité empresarial europeo con más de 9 afiliados hay que crear además un comité decisorio que se responsabilice continuamente de la dirección de la empresa (§ 26 EBRG).

18.3 Otras determinaciónes

La ley rige además especialmente sobre:

- Instrucciones extraordinarias para empresas de tendencia;
- La fijación del principio del trabajo en equipo basado en la confianza;
- La conservación de secretos del negocio o empresa;
- Determinaciones de protección pra los representantes de los empleados que trabajan en el interior que participen en la rama de información y audiencia (p. ej.: protección contra el despido y protección laboral).

19 La ley del comité portavoz

Los empleados directivos pueden, según la ley sobre comités portavoces (SprAuG), elegir un comité portavoz. Para ello es necesario que en la empresa hayan por lo menos y contínuamente 10 empleados directivos. Si la empresa tiene menos de 10 empleados directivos, se aceptará a los empleados de la empresa para la utilización del comité portavoz como empleados directivos para la extensión de las próximas empresas del mismo negocio que cumplan con las condiciones mínimas de número de empleados (§ 1 II SprAuG). Para la creación del comité portavoz es necesaria una conclusión de la mayoría de los empleados directivos (§ 7 II SprAuG).

El comité portavoz tiene las siguientes autorizaciones:

- Representación de los intereses de todos los empleados directivos de la empresa o gurpo de empresas (§ 25 I SprAuG);
- Acuerdo de normas de orientación sobre el contenido, la conclusión o el fin de las relaciones laborales de los empleados directivos (libre participación), (§ 28 SprAuG);
- Derecho a información sobre cambios en la configuración del salario o de cualquiera de las condiciones laborales así como sobre introducción o cambio de los principios de evaluación generales (§ 30 SprAuG);
- Derecho a información sobre una contratación o sobre cambios personales de un empleado directivo (§ 31 I SprAuG);
- Derecho a audiencia antes de despedir a un empleado directivo (si la audiencia es deficiente el despido no será valido) según el § 31 II SprAuG;
- Derecho a información en asuntos económicos de la empresa o negocio (§ 32 I SprAuG);
- Derecho a información sobre la intención de hacer cambios empresariales según el § 111 BetrVG así como derecho a asesoramiento sobre medidas de compensación o de aminoración de desventajas.

Los afiliados al comité portavoz han de ser liberados de su actividad laboral para las actividades del comité portavoz sin aminorar su sueldo (§ 14 SprAuG). Los gastos necesarios del comité portavoz recaen sobre el empresario (§ 14 SprAuG). Según el art. 15 SprAuG, el comité laboral compuesto por los empleados directivos, debería de reunirse una vez al año y esta reunión debe de tener lugar durante el horario laboral (§ 15 SprAuG).

Los derechos de los portavoces del comité:

Derecho de iniciativa	ninguno
Derecho de negación de conformidad	ninguno
Derecho a protesta	ninguno
Derechos a asesoramiento	El empresario y el comité portavoz discuten en una charla conjunta: • Cambio de la configuración salarial (§ 30 SprAuG); • Cambio de cualquier condición laboral (art. 30 SprAuG); • Introducción o cambio del principio general de evaluación (§ 30 SprAuG); • Medidas de compensación o de aminoración de desventajas económicas en caso de preveer un cambio empresarial (§ 32 II SprAuG)
Derecho a audiencia	El empresario le comunica al comité portavoz sus pretensiones y le pide toma de posición sobre: • Conclusión de un acuerdo con el comité empresarial, que toca los intereses legales de los empleados directivos (§ 2 I SprAuG); • Cada despido de un empleado directivo (§ 31 II SprAuG).
Derecho a información	El empresario le comunica al comité portavoz sus planes con referencia a: • Cambio de la configuración salarial y de cualquiera de las condiciones laborales (§ 30 SprAuG); • Introducción o cambio del principio general de evaluación (§ 30 SprAuG); • Contratación de un empleado directivo (§ 31 SprAuG); • Cambios personales de un empleado directivo (§ 31 I SprAuG); • Cambio empresarial, según el § 111 BetrVG si es que pudieran haber posibles desventajas principalmente para el empleado directivo (§ 32 II SprAuG); • Información al comité portavoz como mínimo una vez al año sobre los asuntos económicos de la empresa y negocio (§ 32 I SprAuG).

20 La representación de personas discapacitadas

Con la incorporación laboral y la protección especial de personas discapacitadas, se tratan en una empresa, o sea, en una administración, tres órganos (órgano funcional):

1. El consejo empresarial, el consejo del personal o el representante del empleado así como las representaciones graduadas (§ 93 SGB IX).
2. La representación de los discapacitados (persona de confianza) en los diferentes grados organizadores (§ 94 ff. SGB IX).
3. El encargado de las personas discapacitadas contratado por el empresario (§ 98 SGB IX).

20.1 La representación de las personas discapacitadas

En empresas y puestos de servicio en los cuales hay por lo menos 5 empleados discapacitados no sólo por corto tiempo, se elegirá a una persona de confianza y como mínimo a una persona que les represente (§ 94 SGB IX). Éstos tienen que atender los intereses de las personas discapacitadas empleadas en la empresa o puestos de servicio.

Derecho al voto
Todas aquellas personas discapacitadas que estén empleadas en una empresa o puestos de servicio en el momento en que se realicen las elecciones tienen derecho al voto. Nada tiene que ver la edad, el tiempo o qué clase de actividad se realiza en la empresa. Los empleados directivos también tienen en este caso derecho al voto (§ 5 III BetrVG)

La elección
Elegibles son los empleados que el dia de las elecciones hayan sobrepasado los 18 años de edad y pertenezcan más de 6 meses a la empresa. No es elegible quien pueda ser votado para ejercer fuerza de ley ni quien pueda ser elegido para el consejo de personal.

Una representación total de las personas discapacitadas tiene que ser elegida por los representantes de las personas discapacitadas si es que en la empresa ya existe un comité empresarial general o si existe para varias oficinas un comité del personal general (§ 97 SGB IX). Si sólamente se ha elegido una representación de personas discapacitadas en un conjunto de empresas, entonces ésta se ocupa de los derechos y obligaciones de la representación total de personas discapacitadas de todo el conjunto de empresas.

La labor de la representación de las personas discapacitadas y de éstas de cara al empresario y la empresa o consejo de personal o comité empresarial y los derechos que le corresponden están detallados en el § 95 SGB IX:

- La representación de las personas discapacitadas tiene que fomentar en la empresa la introducción de personas discapacitadas.
- Ésta, tiene que representar los intereses individuales y de los grupos de personas discapacitadas empleadas.
- Ésta, tiene que ayudar y asesorar a los discapacitados en todas las situaciones que tengan que ver con la introducción laboral y las actividades a desarrollar.
- Ésta, tiene que examinar que el empresario cumpla con sus obligaciones según los §§ 71, 72 y 81 hasta 84 SGB IX.

La representación de las personas discapacitadas tiene en especial que vigilar que se mantengan las normas de ventajas para los empleados incapacitados y debe de reclamar o expresar quejas en la oficina que corresponda si no se mantuvieran estas medidas (§ 95 I SGB IX).

En todos los asuntos que tienen que ver con un discapacitado individual o en grupo hay que informar a tiempo al representante y hay que escuchar su opinión (§ 95 II SGB IX). Esto conlleva: contratación, traslado o despido así como las demás decisiones que tengan que ver con el discapacitado o asuntos que se refieran de manera diferente al discapacitado o al empleado normal.

La representación de las personas discapacitadas hay también que consultarla en las reuniones del comité económico y todas las reuniones mensuales entre el empresario, la representación de cada uno de los empleados segúnel § 74 I BetrVG, § 66 I BPersVG y las instrucciones de los demás representaciones de derechos del personal. Finalmente, la persona discapacitada puede solicitar para la examinación de su ficha personal, la examinación de la ficha junto con la persona de representación de personal y con la persona de representación de discapacitados, o sólo elegir que éste último le acompañe sin la presencia del representante del personal (§ 95 III SGB IX).

La persona de confianza tiene derecho a tomar parte en todas las reuniones de los representantes de los empleados y de los comités de asesoramiento (§ 32 BetrVG, § 95 IV SGB IX). Ésta puede solicitar incluir en el tema del dia, asuntos que conciernan al empleado discapacitado individual o en grupo; También puede solicitar la suspensión de una decisión por una semana cuando haya perjuicios considerables para los intereses de los discapacitados o cuando éstos no hayan sido incluídos por el empresario (§ 35 BetrVG, § 95 IV SGB IX).

La representación de los discapacitados puede, por lo menos una vez al año, realizar una reunión de discapacitados en la empresa (§ 95 V SGB IX). Las instrucciones dirigentes para las reuniones empresariales (§ 42 ff. BetrVG) y las reuniones de personal (§ 48 ff. BPersVG) encuentran utilización en esto.

El reglamenteo sobre derechos personales y obligaciones de la persona de confianza de los discapacitados igualan los derechos de los afiliados al comité empresrial o personal (§ 96 SGB IX).

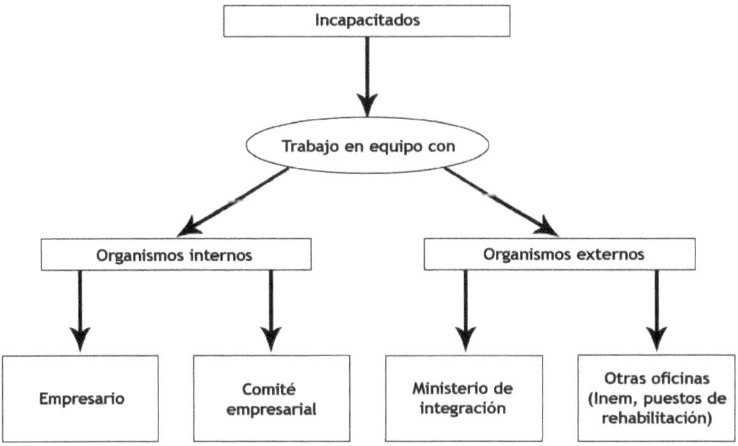

20.2 El delegado de las personas discapacitadas elegido por el empresario

El empresario, según el § 98 SGB IX, está obligado a pedir a uno o mas delegados para los empleados discapacitados cuando exista la obligación de contratar a un incapacitado. Este delegado tiene que disponer de un gran conocimiento técnico al respecto. El delegado está a disposición del empresario y sustituye a éste en los asuntos de los empleados discapacitados. Al delegado hay que presentarlo al organismo de integración y a la oficina de empleo que corresponda (§ 80 VIII SGB IX).

21 El derecho a la representación del personal

El BetrVG no encuentra aplicación para el servicio público (§ 130 BetrVG). La participación de estos empleados está regulada por la ley de representación del personal del país (BPersVG) y en las leyes correspondientes que regulan la representación del personal de los países. Estas se adaptan a la configuración del régimen empresarial, al fenómeno especial de las necesidades y servicios púbilicos.

El BPersVG es válido en las administraciones del país, en los entes federales, instituciones y fundaciones del derecho público así como en juzgados federales (§ 1 BPersVG). Para los funcionarios de los países y entes locales, el BPersVG comprende la rama de las instrucciones inmediatas de protección de los afiliados al comité del personal; por lo contrario son válidas las leyes de representación del personal del país (§ 94 ff. BPersVG). Los jueces tienen sus propios órganos de representación como el comité judicial o el consejo presidencial (§ 49 ff. DRiG).

El consejo del personal representa a tres grupos: los funcionarios, los obreros y los empleados de los servicios públicos. Los tres grupos votan por separado y tienen que estar representados en el consejo del personal (§ 19 BPersVG). Los consejos del personal son los portadores de la participación de los servicios públicos. Éste es instruído en todas las oficinas de servicio que por norma general deben de tener por lo menos 5 empleados electores de los cuales tres podrían ser elegidos. Su mandato dura cuatro años. La representación del personal tiene en el terreno del servicio público una función similar con el comité empresarial en la economía privada.

Comparación de los conceptos BetrVG / PersVG	
Empresa	Departamento
Empresario	Jefe del departamento
Comité empresarial	Consejo del personal
Reunión empresarial	Reunión del personal

21.1 Organización

Las leyes de representación del personal se pueden conparar con el BetrVG, una parte organizativa (§ 12 ff. BPersVG) y otra parte la necesidad de participación de los órganos jurídicos de representación del personal, sobre todo el consejo del personal, ya que así lo regula el § 66 ff. BPersVG. Las disputas por los derechos deciden los tribunales administrativos (§ 83 BPersVG).

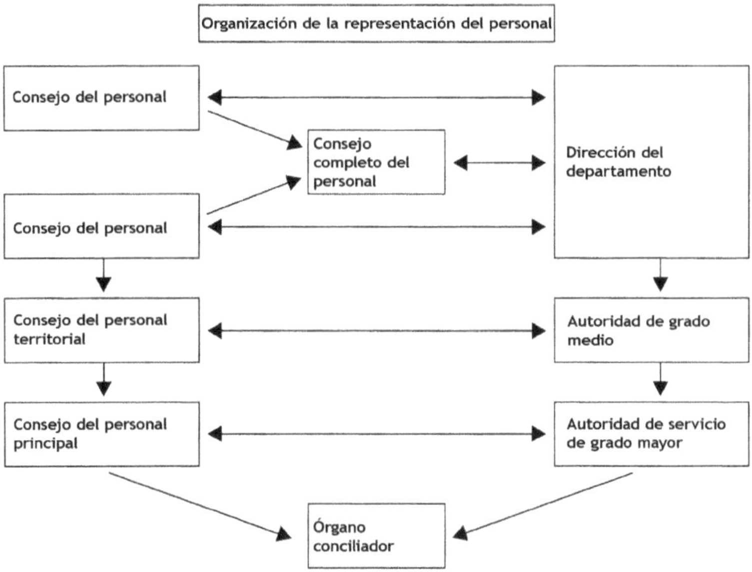

La representación del personal está caracterizada por su organización y estructura de decisión por el crecimiento de autoridad, aunque la autoridad de mayor rango puede dar instrucciones a la autoridad de menor rango.

El consejo del personal territorial y el principal se llaman representaciones graduales (§ 53 ff. BPersVG). Para el terreno empresarial de administraciones graduales, las autoridades de grado medio y el consejo del personal territorial, fundarán comités personales generales. La representación del personal responsable, se rige según la competencia de decisión del departamento dentro de la estructura de autoridad (§ 82 BPersVG). Hay también un consejo del personal principal que se constituye por medio de los consejos del personal y por partes de los departamentos con un consejo de personal propio (§ 55 BPersVG).

Mediante los acuerdos del servicio se concluirá el reglamento de las autoridades correspondientes. Éstas conllevan fundamentalmente los acuerdos empresariales pero solo están permitidas si la ley las planea terminantemente (§ 73 BPersVG).

Por diferencia del régimen empresarial, se solucionarán conflictos entre el consejo del personal y el departamento, que en caso de desacuerdo, se informará al departamento mayor y a la representación gradual. Si en las autoridades de servicio no se llega a un acuerdo se informará al órgano conciliador. Éste no puede de todas maneras decidir firmemente sobre asuntos de participación por motivos de peculiaridad en el servicio público, si no que solamente puede proponer una decisión a la autoridad de servicio de grado mayor. Ésta es válida sobre todo para los asuntos personales de los funcionarios.

21.2 Derechos de participación

Los derechos de información, audiencia y asesoramiento son así mismo confeccionados como en el BetrVG. Las formas de participación más importantes en la representación del personal son:

Colaboración = Consulta sin decisión conjunta

Participación = Decisión conjunta con el órgano conciliador; En este caso, decisión en firme o sólo recomendación.

De los derechos de participación hay que distinguir 3 clases:

Derechos de participación

Participación por igual	Participación limitada	Participación referente a los funcionarios
Después de recorrer los diferentes grados de crecimiento de autoridades, decide el órgano conciliador (§ 69 IV, 71 BPersVG).	El consejo del personal puede denegar su consentimiento pero sólo si sus motivos están incluidos en la ley (§§ 77 II, 79 I BPersVG).	El consejo del personal puede denegar su consentimiento; el órgano conciliador dá solamente una recomendación y finalmente decide el patrón (§ 69 IV BPersVG).
Sector de aplicación: Asuntos personales de los empleados y asuntos sociales (§ 75 BpersVG).	Sector de aplicación: Despido de los trabajadores (§ 70 BpersVG); medidas individuales personales (§ 77 BpersVG).	Sector de aplicación: Asuntos del personal ref. a los funcionarios.

El consejo del personal tiene derecho de iniciativa en los casos del § 70 I asociado con el § 75 III Nr. 1 - 6 y 11 - 17 BPersVG. Aquí puede él tomar la iniciativa y finalmente forzar la decisción del órgano conciliador.

En todos los demás asuntos de participación tiene el consejo del personal derecho a iniciativa pero limitado (§ 70 II BPersVG). Aquí decide finalmente el patrón y no el órgano conciliador.

22 La participación de la empresa

La participación de la empresa es la implicación del empleado en los órganos de la dirección de la sociedad capitalista. Ésto implica al comité empresarial, la junta directiva y al mismo tiempo la administración de la empresa. Con esto, los representantes de los empleados tienen derecho a ser informados detalladamente en la configuración del órden empresarial y participación inmediata en importantes planes y decisiones empresariales.

Tareas y derechos del consejo de vigilancia según la ley accionaria:

- Nombramiento y retiro de los afiliados a la directiva y de la formalización de los contratos de contratación (§§ 84 I, III, 112 AktG);
- Confirmación para algunas clases de negocios (§§ 111 IV, 82 II AktG), especialmente para los que tienen un alto grado de importancia económica;
- Convocatoria o reunión general para el bién de la empresa (§ 111 III AktG);
- Comprobación del cierre anual junto con el director (§ 172 AktG);
- Derecho a información en todo momento (§ 90 III AktG);
- Derecho a razonamiento y a comprobación en lo que se refiere a libros, escrituras y patrimonios.

Esta manera de participacipación empresarial está regulada en tres leyes:

22.1 Ley de participación 1976

A esta ley pertenecen todas las sociedades capitalistas y las sociedades cooperativas así como las sociedades limitadas y sociedades limitadas comanditarias con generalmente mas de 2.000 empleados. Ésta contiene una participación paritária en el consejo de vigilancia. El grupo de los representantes de los accionistas se sientan unos enfrente de los otros en el mismo número que los representantes de los empleados. Aquí se dispone de representantes de sindicatos externos así como representantes de empleados internos y finalmente siempre hay un represenante de los empleados directivos. En situaciones de empate formará parte también el directivo del consejo de vigilancia y esta llamada puede llegar a causar el que los representantes de los accionistan tengan un doble derecho al voto.

En la dirección de las empresas participantes tiene que haber un jefe de personal y asuntos sociales que perciba los asuntos sociales del personal pero éste no tiene que ser un representante de la plantilla de personal.

22.2 La ley de participación de los empleados de la industria siderúrgica 1951

Estas leyes regulan la participación del consejo de vigilancia de las empresas mineras y que producen acero (no las que se dedican a transformar) con, por lo general, más de 1.000 empleados, o sea, empresas que se dediquen o dedicaran mayormente al sector siderúrgico.

En ellos se ha determinado una participación paritaria. Teniendo el mismo número de afiliados a los representantes de los accionistas y plantilla del personal, pertenece al consejo de vigilancia de las empresas de este tipo, un afiliado neutral y a lo que éste elija, tienen que llegar a un acuerdo las dos partes. Éste es la aguja que mueve la balanza que en las situaciones de estancamiento determina con seguridad la capacidad de decisión y de funcionamiento del consejo de vigilancia en caso de conflicto con su votación.

Como afiliado de la dirección empresarial, también ha de pertenecer un jefe de personal de asuntos sociales pero éste no puede revocar la mayoría de votación de los representantes de los empleados en el consejo de vigilancia (§ 13 I Montan-MitbestG).

La ley de participación de los empleados de la industria sederúrgica (MONTAN) es la ley de regulación que más lejos llega (la que más participación concede a los empleados).

22.2.1 Paticipación por tercios

Para empresas que tengan hasta 2.000 empleados y no recaen bajo las normas de la ley de participación de los empleados de la industria siderúrgica, es válida la ley de participación por tercios de los empleados en el consejo de vigilancia (DrittelbG).

Para las sociedades anónimas, limitadas, asociaciones de seguros para las dos partes y cooperativas con mas de 500 empleados, es válida la participación paritária por tercios. El consejo de vigilancia se compone aquí solamente de un tercio de los representantes de los trabajadores. Si los empleados tienen solo uno o dos afiliados a los que poder votar, entonces éstos representantes han de ser empleados de la empresa. Sólo cuando hay más de dos a los que votar (consejo de vigilancia $\geq$ 9 afiliados) pueden también ser votados los representantes de sindicatos, como representantes de los empleados.

Formas de participación de una empresa

Modelo Montan

- Es válido para empresas mineras y siderúrgicas con mas de 1.000 empleados.
- Composición paritaria del consejo de vigilancia por medio de los representantes de los accionistas y de los empleados.
- Director neutral del consejo de vigilancia.
- El jefe de personal y asuntos sociales será elegido por medio de la proposición del consejo de vigilancia pero no podrá ser así elegido, si los votos de la mayoría dicidieran lo contrario.

DrittelbG

- Empresas implicadas con mas de 500 hasta 2.000 empleados.
- Un tercio del consejo de vigilancia se compone de representantes de los empleados.

MitbestG 1976

- Campo de aplicación: Empresa con mas de 2.000 empleados.
- La mitad de los afiliados al consejo de vigilancia se compone de representantes de los empleados y de los representantes de los accionistas; Los representantes de los empleados directivos se clasificarán para la parte de los empleados.
- Los propietarios accionistas de la empresa pueden elegir al director del consejo de vigilancia.
- Si hay igualdad de votos, el director del consejo de vigilancia tendrá doble voto.

23 El derecho a la protección laboral

El derecho a la protección laboral es rico en instrucciones que tienen el fin de proteger al empleado de peligros que surgen de la situación de cada uno. Estos peligros son por un lado el resultado de la dependencia económica en la configuración jurídica de los contratos laborales y por otro lado los equipos técnicos del material de trabajo y del lugar de trabajo, dónde y con qué tiene que realizar cada uno su tarea. Esta ley protege a los empleados de estos peligros y finalmente con lo que se refiere al contenido y configuración de los contratos laborales. En primera linea se trata del terreno del derecho constitucional empresarial y tarifario y de que por la imposición de ésto, el empresario tiene que preocuparse y cuidar del empleado. Ésto conlleva también la obligación para el empresario de tener que decidir qué medidas son las necesarias a tomar para proteger al empleado contra accidentes y protección de la salud (§ 618 BGB).

Aparte, al empleado lo protegen instrucciones públicas jurídicas que se le imponen al empresario por el interés público y el estado o el cargador del seguro jurídico tienen que preocuparse de que ésto se cumpla, requiera el empleado su derecho o no. Estas instrucciones públicas jurídicas de protección laboral son los derechos laborales en su más ajustado sentido y su contenido se deja subdividir según la protección laboral social y técnica.

Para la así llamada protección laboral social, cuentan el mantenimiento de la salud/potencia productiva y el bienestar social de las instrucciones del tiempo laboral y las instrucciones que protegen y sirven especialmente a personas necesitadas (menores, maternidad, personas incapacitadas/minusválidas).

La protección laboral técnica conlleva medidas de protección laboral que se utilizarán para proteger al empleado de la técnica aplicada. Aquí se cuenta con instalaciones técnicas, materiales de trabajo y la configuración del puesto de trabajo. La labor de la protección laboral técnica es prevenir accidentes laborales y emfermedades que se deban al puesto de trabajo. Una clara demarcación entre la protección laboral social y la técnica no es posible. Las instrucciones se complementan unas a otras y a menudo están unidas de manera inseparable.

23.1 La protección laboral social

23.1.1 La ley de protección laboral de menores

El objetivo de la ley de protección laboral de menores (JArbSchG) se basa en proteger a los menores en salud, mano de obra y potencia productiva. Esta ley es válida para la contratación de personas que no tengan todavía los 18 años (niños y menores de edad) o para las personas que estén realizando el aprendizaje de su profesión o en una relación laboral parecida a la del aprendizaje o como empleado, trabajador a domicilio o que trabaje de manera parecida a alguno de estos casos (§ 1 I JArbSchG), exceptuando prestaciones de auxilio insignificantes.

Las instrucciones del JArbSchG y del reglamento legal pertenecen al derecho público y pasan por esto a ser obligatorias.

Las instrucciones mas importantes de la protección laboral de menores son:

- Reglamento sobre la prohibición de contratación de personas menores de 18 años con actividades que pongan en peligro la moral.
- Reglamento sobre las revisiones médicas según la ley de protección laboral de menores (JArbSchUV).
- Reglamento sobre la protección laboral de niños (KindArbSchV).

El tener empleados a menores en según qué trabajos que puedan ser peligrosos, está prohibido. Aquí nos referimos a trabajos que sobrepasen la capacidad de producción, así como trabajos que expongan al menor a peligros morales (§ 22 I JArbSchG).

La prohibición de tener empleadas a estas persona es así mismo válida pero con limitaciones para los siguientes trabajos:

- Que estén relacionados con peligro de accidente, ya que damos por hecho que al menor le falta capacidad de experiencia o de conciencia para saber lo que es seguro y lo que no.
- Que se crean perjudiciales para los menores por estar relacionados con estados extremos de calor, frío o humedad.
- Que se exponga al menor a estados intensos como de ruido, movimiento, radiaciones o materiales de trabajo biológicos.

Menores tampoco pueden ser generalmente ocupados con trabajos a destajo y otros trabajos en los que se pueda cobrar más por aumentar el ritmo de rendimiento en menos tiempo de trabajo (§ 23 I Nr. 1 JArbSchG), así como con trabajos a los que estén obligados a mantener un ritmo estipulado y hasta en algunos casos obligado (§ 23 I Nr. 3 JArbSchG), p.ej.: los menores no deben de ser ocupados en una cinta/cadena de montaje donde estén ocupados así mismo grupos de adultos aunque éstos realicen el mismo trabajo (§ 23 I Nr. 2 JArbSchG).

Los menores no deben de ser empleados más de 8 horas al dia ni tampoco más de 40 horas a la semana (§ 8 JArbSchG). Éstos solo pueden ser ocupados 5 dias a la semana de lunes a viernes (§ 15 JArbSchG). Los sábados (§ 16 JArbSchG) y los domingos (§ 17 JArbSchG) los menores no pueden de ser ocupados. Esta prohibición no es válida para todas las ocupaciones. El empresario debe de dejar libre de su trabajo al menor para tomar parte en clases de formación profesional y realizar exámenes (§ 9 JArbSchG).

Al menor hay que concederle como minimo 30 minutos de descanso despues de haber trabajado 4,5 horas y despues de haber trabajado 6 horas, hay que concederle un descanso de por lo menos 60 minutos. Después de terminar el dia de trabajo, hay que concederle a los menores como mínimo 12 horas libres ininterrumpidas antes de que vuelvan al trabajo (§ 13 JArbSchG). La duración de las vacaciones de los menores (de 25 a 30 dias laborables) está regulada según la edad (§ 19 II JArbSchG).

El empresario tiene que determinar medidas preventivas de protección de menores para evitar peligros que se relacionen con la salud o la vida, o que esté relacionada con el desarrollo corporal o mental de los menores (§ 28 I JArbSchG). El empresario tienen que informar detalladamente al empleado menor antes de empezar con su trabajo, de los peligros de accidente o relacionados con la salud, así como sobre los equipos y medidas para evitar éstos peligros. Sobre la asistencia sanitaria para menores existen en la ley de protección laboral de menores reglamentos especiales.

23.1.2 La ley de protección por maternidad

La ley de protección por maternidad (MuSchG) dá una protección especial a mujeres y niños poco antes del nacimiento y después de éste. Ésto procede de la protección de la mujer a actividades físicas demasiado altas hasta llegar a ser liberadas totalmente del trabajo (sobre todo durante el plazo de 6 semanas antes y después de la maternidad, 8 en caso de que el nacimiento sea prematuro y 12 semanas en caso de nacimiento múltiple, p. ej. nacimiento de gemelos). La mujer también está especialmente protegida del despido por maternidad así como también está autorizada a recibir prestaciones para asegurar su sustento durante este tiempo.

Para proteger a las mujeres embarazadas y a los niños todavía no nacidos, el empresario está obligado a configurar el puesto de trabajo a razón del estado de la madre (§ 2 MuSchG). En algunos casos incluso dirán las autoridades inspectoras, qué medidas debe de tomar o que tener en cuenta el empresario para la protección de la mujer embarazada.

Al empresario le serán impuestas las siguientes obligaciones:

1. En la configuración y mantenimiento del puesto de trabajo (también cuentan máquinas y herramientas), tiene que tomar el empresario medidas de protección de accidentes o de vida a la hora de impartir el trabajo a mujeres embarazadas. La ley deja a disposición de cada empresario el elegir las medidas de protección a tomar (§ 3 I MuSchG).

2. Si la empleada embarazada tiene que permanecer levantada o que andar a menudo, el empresario tiene que poner a disposición de ésta la posibilidad de trabajar de pié o permitirle el levantarse a menudo y andar un poco o por lo contraro a sentarse para poder descansar un poco si es que su trabajo es de estar de pié (§ 2 I, II MuSchG).

La MuSchG protege a la futura madre y a la parturienta fundamentalmente mediante:

- Prohibición de ocupación general, que es válido para todas las empleadas embarazadas.
- Prohibición de ocupación individual, que depende en algunos casos del estado de salud de la empleada embarazada.

Algunas de las prohibiciones a ocupación de la ley de protección por maternidad, son vállidas solo para la duración del embarazo, otras duran hasta después del nacimiento. La empleada puede negarse a disfrutar de la prohibición a ocupación p. ej.: en el plazo de tiempo libre que le corresponde antes del nacimiento, pero no puede negarse a la prohibición completa a ocupación (plazo de tiempo libre por maternidad después del nacimiento).

Todas las prohibiciones a ocupación prohiben al empresario el ocupar a empleadas embarazadas o a madres que amaman a sus hijos. Durante una prohibición de ocupación, la empleada puede negarse a prestar trabajo sin violar por esto sus obligaciones. Una prohibición a ocupación no afecta en ninguna forma el estado de la relación laboral, pues la empleada sigue teniendo los mismos derechos y obligaciones.

El reglamento de la protección por maternidad en el puesto de trabajo contiene una verificación de las prohibiciones a ocupación individuales.

23.1.3 La ley para los discapacitados o minusválidos

Las personas minusválidas disfrutan de una protección especial en la relación laboral mediante el así llamado "libro de leyes sociales" IX (SGB IX). Esta protección se refiere a la relación laboral de manera que existe p. ej.: una protección de despido más alta, reglamentos especiales en lo que se refiere a vacaciones o hacer horas extras; por otro lado, también reciben apoyo a la hora de buscar un puesto de trabajo. Este objetivo se obtiene de que el empresario, a partir de tener una suma de empleados, tiene: o que emplear a la suma indicada de personas minusválidas o tiene que pagar una suma de dinero como compensación.

Además el empresario tiene que:

- Antes de ocupar o trasladar un puesto de trabajo o un puesto de aprendizaje tiene que comprobar si el puesto puede ser ocupado por una persona minusválida o de sus mismas condiciones (§ 81 I SGB IX).
- Cuando haga esta comprobación, tiene que estar presente la persona que represente a los minusválidos y tiene que escuchar al comité empresarial si es que lo hubiera. El comité empresarial se puede negar a confirmar la contratación si es que antes de la contratación no se comprobó la posibilidad de ocupar el puesto con una persona minusválida. La violación de estas obligaciones significa una infracción contra la ley como dice el § 99 II BetrVG.
- Las solicitudes de trabajo de personas minusválidas se debaten con su representante y con la toma de posición de este se informará al comité laboral o al consejo del personal. El debate no llega a tener lugar cuando el minusválido rechaza la participación de su representante (§ 81 I SBG IX).
- Emplear a los minusválidos de manera que sus capacidades y conocimientos se utilicen y desarrollen lo más completamente posible. Para esto, hay que tener en cuenta, a la hora de promocionar sus progresos profesionales, diferentes medidas empresariales internas. La participación en medidas empresariales externas hay que facilitárselas de manera exigible (§ 81 IV SGB IX). Una violación de la normas puede llegar a que el minusválido tenga derecho a indemnización por daños y perjuicios.
- A los minusválidos hay que promocionarlos de manera que aunque sus capacidades sean limitadas, las pueda emplear en el puesto correspondiente (§ 81 III SGB IX). La violación de estas obligaciones puede llegar igualmente a tener que indemnizar al minusválido por daños y perjuicios.
- Las instalaciones, oficinas, máquinas y utensilios hay que organizarlos, instalarlos y mantenerlos de manera que se pueda seguir manteniendo

el número de minusválidos preceptuado trabajando continuamente en la empresa.

- Hay que tener en cuenta especialmente el peligro de accidentes
- Promocionar puestos de trabajo a tiempo parcial (§ 81 V SGB IX).
- El puesto de trabajo hay que equiparlo con los ayudantes técnicos que sean necesarios (§ 81 IV Nr. 5 SGB IX).

23.2 La protección laboral técnica

Una particularidad de la protección laboral alemana se trata de que las normas jurídicas no solo se expongan por el estado si no que también por los cargadores del seguro de accidentes judiciales (mutuas de seguros). De ésto resultan dos posibilidades en la ley de protección laboral según la institución que impone la ley.

El derecho a protección laboral estatal se trata fundamentalmente de leyes y reglamentos judiciales federales. A las mutuas de seguros se les ha impuesto el prevenir accidentes laborales con todos los medios adecuados y también ocuparse de unos primeros auxilios eficaces. Con este objetivo, las mutuas de seguros tienen unos estatutos autónomos y pueden promulgar instrucciones de prevención de accidentes en lo que se refiere a:

- Instalaciones, ordenanzas y las medidas que tiene que tomar la empresa para prevenir accidentes laborales.
- El comportamiento necesario del asegurado para la prevención de accidentes laborales.
- Revisiones médicas del asegurado para prevenir accidentes laborales (aquí también cuentan las enfermedades laborales).

Las instrucciones de prevención de accidentes obligan solamente a los afiliados de cada una de las mutuas de accidente. Todas las empresas que ocupan a empleados, están normalmente afiliadas a mutuas de accidentes y por norma general promulgan instrucciones de prevención de accidentes, de esta manera también está garantizada la existencia de una extensa protección.

Las mutuas de accidente están estructuradas por ramas y tienen como organismo del derecho público el seguro contra accidentes junto con la labor de prevenir éstos. Los órganos, directivos y la asamblea de representantes se componen paritariamente de los representantes de los empresarios y de los representantes de los asegurados. El afiliarse a una mutua de accidentes es obligatorio.

23.2.1 Campo de regulación de la protección laboral

Por el momento existen más de 40 leyes que se refieren a la protección laboral. Aquí se trata de instrucciones estatales jurídicas que se relacionan sobre todo con la legislación relativa a la construcción. El punto esencial de las instrucciones son por un lado las máquinas y materiales de trabajo y por otro lado el tiempo laboral o la organización empresarial. Las instrucciones técnicas sirven sobre todo para tener en cuenta aspectos de seguridad en la planificación y en la construcción de máquinas e instalaciones. Otos reglamentos exigen por lo contrario requisitos para la seguridad y la higiene de cada uno de los puestos de trabajo o para la utilización p. ej. de productos químicos. Aquí tienen una especial importancia las instrucciones de la seguridad empresarial que regula la facilitación de instrumentos de trabajo así como el manejo de las instalaciones necesarias de observación (BetrSichV).

Las instrucciones (unas 150) de las mutuas de accidente ponen de ejemplo: maquinarias de trabajo de la industria de la confección o de la industria química, grúas, instalaciones de pintado, excavadoras, ascensores de tamaño industrial, primero auxilios, indicativos de peligro.

Las leyes e instrucciones de prevención de accidentes son a menudo estatutos, normas de administración o instrucciones de ejecución. Éstas contienen detallados datos sobre como se han estipular las metas y realizar las instrucciones de prevención de accidentes legales.

Todas estas instrucciones formulan un estandard mínimo a cumplir por todas las empresas. Como instrucciones de ramas abstractas, éstas están necesitadas de verificación ya que las instrucciónes estatales e instrucciones de prevención de accidentes de la seguridad técnica no pueden siempre regular esto hasta el último detalle. Para estos detalles, es necesario el trabajo de expertos. Así lo indica el BetrSichV para la utilización de instrumentos de trabajo para las instalaciones de la empresa que necesiten observación sobre el estado técnico como medida de seguridad unitaria.

Estas normas serán elaboradas por el ente de autogestión económica y serán detalladas en el sistema reglamentario. Tales instituciones son: el instituto alemán de normalización (DIN), la asociación de ingeniería eléctrica (VDE) y la asociación alemana de profesionales del gas y del agua (DVGW).

El sistema reglamentario contiene normas de calidad y normas con contenido técnico de seguridad, estas últimas serán llamadas “reglas de seguridad técnica”. Si se han calificado y se han impuesto en la práctica, se trata de reglas comunes reconocidas como de seguridad técnica. Como muchas leyes laborales de protección se remiten a esto, estas reglas son en algunos casos obligatorias cuando no se pueda implantar una solución de seguridad técnica igual o mejor de de la norma válida que ya exista.

En cuanto al contenido, las áreas reglamentarias distribuyen la protección laboral técnica en 5 ámbitos:

- Puesto o lugar de trabajo incluyendo la higiene empresarial.
- Herramientas, instrumentos, máquinas, instalaciones técnicas y vehículos.
- Sustancias peligrosas.
- Equipos de protección personales.
- Organización de la protección laboral en la empresa.

23.2.2 Observación de la protección laboral

La vigilancia de la ejecución del derecho a la protección laboral pública jurídica incumbe lo que atañe a las instrucciones generales de protección laboral del estado de algunos de los organismos nombrados por las comunidades (Organismo de protección laboral / magistratura de inspección industrial).

Este organismo está especialmente autorizado a controlar la ejecución de las instrucciones de protección y para este objetivo está autorizado a visitar las instalaciones de estas empresas. La inspección industrial tiene que asesorar al empresario sobre la ejecución de las instrucciones de la protección laboral y tienenque trabajar junto con todos los puestos empresariales y sobre todo con el comité empresarial. Los funcionarios de la inspección industrial, en el terreno de protección laboral en caso de que se falte a las leyes, pueden ocuparse de que se termine con esto (tomar decisiones). En algunos casos se puede hacer uso de medios coactivos según los derechos del país que corresponda. Estos son periódicamente la sustitución de la acción (lo que quiere decir: realizar las medidas obligatorias recayendo los costes en el empresario) de la determinación del dinero obligatorio y de la obligación inmediata de realizar esto. Además, de aquí se puede disponer de la completa o en parte del cierre empresarial así como introducir procedimientos por violar el reglamento. Las demás labores están asignadas a la inspección industrial como autoridades de concesión (p.ej. instalaciones de calderas de vapor).

Al lado de los organismos de los derechos de las comunidades, los cargadores del seguro de accidentes tienen que ser vigilados por los funcionarios de vigilancia técnica para comprobar la ejecución de prevención de accidentes, así como asesorar a sus afiliados.

23.2.3 Organización de la protección laboral empresarial

La ley de seguridad laboral (ASiG) es de gran importancia para la organización de la protección laboral empresarial. Según esto, el empresario tiene que disponer para la seguridad laboral de médicos empresariales como también de profesionales técnicos que transmitan las labores jurídicas expresadas en esta ley (§§. 2, 5 ASiG).

Los médicos empresariales y los profesionales técnicos tienen que:

- Apoyar al empresario o a las personas responsables en todas las preguntas referentes a la protección de la salud y a lo que se refiere a la configuración del puesto de trabajo para la salud laboral.
- Hay que vigilar las instalaciones empresariales y los medios de trabajo, en especial la puesta en marcha y el procedimiento laboral de la introducción de la seguridad técnica.
- Hay que vigilar periódicamente la ejecución de la protección laboral, de la prevención de accidentes y del puesto de trabajo y además hay que comprobar si existe alguna escasez y ésta, habría que presentársela entonces al empresario y hay que sugerir cambios.
- Hay que comprobar la utilización de medios de protección corporal.
- Hay que investigar las causas de los accidentes laborales.
- Hay que informar a los empleados y que enseñarlos a comportarse de acuerdo a las exigencias que dicta la ley del derecho laboral y de la prevención de accidentes.

Los médicos empresariales tienen además la labor de realizar revisiones laborales de medicina y les incumbe también la planificación para realizar cursillos de primeros auxilios. La labor que esto conlleva, no solo se realiza para la prevención de accidentes si no que también tiene como objetivo configurar el trabajo humanamente. Estas labores conllevan un concepto de protección laboral muy amplio: Aquí hay que ocupar a los empleados según su capacidad de rendimiento (humanización laboral).

Para garantizar el intercambio de experiencia entre los pertenecientes a una empresa y coordinar su trabajo, hay que crear un comité de seguridad en el que estén representados el personal, el empresario y el comité empresarial (§ 11 ASiG). La ley de los empleados empresariales ve como otros grupos a los encargados de seguridad, los cuales se tienen que encargarse allí mismo de la prevención y protección de accidentes (§ 22 SGB VII).

La composición del comité de protección laboral

El comité empresarial tiene, además que colaborar en el comité de seguridad, otras labores (§ 89 BetrVG) los cuales son:

- **(Función de vigilación)** Supervisar las leyes para favorecer al empleado de las leyes dictadas, estatutos, reglamentos de prevención de accidentes, contratos colectivos y acuerdos empresariales;
- **(Función de Organicacion)** Configurar los puestos de trabajo solicitando al empresario medidas para favorecer igualmente al empresario y al empleado;
- **(Deber de participazión)** Participar en los reglamentos empresariales en lo que se refiere a asuntos de protección laboral y prevención de accidentes;
- **(Apoyo)** Apoyo de cara a las autoridades de protección laboral;
- **(Derecho de información)** Derecho de información sobre las labores y reglamentos que se refieran a la protección laboral y a la prevención de accidentes de los puestos fuera de la empresa, informe de accidentes, visitas, etc.

23.2.4 Responsabilidad para la protección laboral

Fundamentalmente el empresario (la empresa) carga con la responsabilidad en lo que se refiere a tomar medidas de protección laboral (§ 3 ArbSchG) pero incluso en empresas medianas ya es muy difícil que él mismo se encargue personalmente de estas labores. Por este motivo hay que traspasar responsabilidades a otros directivos de la empresa (§ 13 ArbSchG). Ésto sucede mediante la configuración de contratos laborales y la creación de la organización de una estructura eficiente.

Con el traspaso de estas labores y la asignación de la autorización a tomar las decisiones necesarias, la responsabilidad pasa de ser, del que delega al delegado. Este ilimitado paso en la posición jurídica del empresario, lo hace también responsable de las consecuencias civilies y públicas legales. Al que delega, solamente se puede hacer que se responsabilice de las consecuencias cuando éste no haya comprobado los requisitos pertinentes, cuando haya realizado el traspaso de responsabilidades sin preocuparse de más y cuando éste tampoco se haya preocupado de la correcta utilización. Si el nuevo delegado no realiza sus funciones como dicta el reglamento, la empresa debe de relevarlo, ya que no se ha conseguido el objetivo que se esperaba y por esto la responsabilidad sigue incumbiendo al empresario.

Los delegados empresariales más importantes son:

- Médico empresarial.
- Especialista para la seguridad laboral.
- Delegado empresarial de residuos.
- Delegado de residuos tóxicos.
- Delegado de seguridad biológica.
- Delegado de protección del medio ambiente.
- Delegado de protección contra incendios.
- Delegado de protección de datos.
- Delegado de supervisión de peligros.
- Delegado de protección de inmisión.
- Delegado de higiene.
- Delegado de protección de láser.
- Delegado empresarial de protección de las aguas.
- Delegado de calidad.
- Delegado de seguridad.
- Delegado de protección radiológica.
- Delegado de accidentes.

24 Derechos del convenio colectivo

La determinación de convenios colectivos mediante las partes que lo componen, es parte de libertad de coalición de la constitución jurídica (§ 9 III GG). En el terreno de la incumbencia y capacidad tarifaria, las mismas partes del convenio colectivo deciden qué tiempo, qué salas, qué profesionales y qué campos de aplicación personales se pueden imponer. El contenido reglamentario que puedan tener los contratos colectivos lo decidirá la ley de contratos colectivos (TVG).

El convenio colectivo es un contrato determinado por escrito entre los partidos colectivos correspondientes, que principalmente regula el contenido de las relaciones laborales. La creación de un convenio colectivo se censura según las instrucciones del BGB sobre la celebración de contrato (§ 145 ff. BGB). Infracciones contra la exigencia de la forma escrita del § 1 II TVG, conducen a la nulidad del convenio colectivo (§ 125 BGB).

Los partidos de los convenios colectivos son los sindicatos, empresarios individuales y uniones de empresarios (§ 2 I TVG). También las organizaciones coordinadoras pueden cerrar convenios colectivos cuando el cierre de estos pertenezca a sus labores reglamentarias.

Para ser capaz colectivamente de formar coalición a efectos del TVG es necesario:

- La coalición tiene que ser reglamentaria y tener la labor de percepción de los intereses de los afiliados al partido del convenio colectivo y estar dispuesta a cerrar estos convenios. Ésta tiene que ser formada libremente, libre de oponentes, independiente, organizada de manera supraempresarial y reconocer el derecho colectivo como obligatorio.
- La coalición tiene que tener una capacidad de imposición suficiente de cara al adversario social (lo así llamado potencia social).

24.1 Contenido del convenio colectivo

El convenio colectivo regula las relaciones jurdicas que afectan a los partidos de tal convenio (la así llamada ley de obligaciones) y la regulación del contenido de las relaciones laborales (lo así llamado determinaciones de normativa).

Convenios colectivos

La parte de la ley de obligaciones	La parte de la normativa
• Derechos y obligaciones de los partidos del convenio colectivo referente a cierre, tramitación y finalización del convenio colectivo. • El deber de paz. • El deber de conciliación. • El deber de influencia.	• Normativas judiciales sobre el contenido, cierre y finalización de la relación laboral. • Normativas jurídicas referentes a preguntas empresariales y de régimen empresarial jurídico.

24.1.1 La parte de la ley de obligaciones de los convenios colectivos

Las determinaciones de culpabilidad jurídica afectan unicamente a los partidos de los convenios colectivos y no tienen un efecto inmediato sobre las individuales relaciones laborales. Éstas pueden tener cualquier contenido que permita el derecho civil. Junto con estas obligaciones un contrato colectivo siempre tiene dos obligaciones. Incluso cuando el convenio colectivo no tenga ningún acuerdo estipulado, los acuerdos obligatorios de los partidos del convenio dependen de:

- **Deber de paz**
- **Deber de influencia**

El deber de paz es la órden para la conservación de la paz laboral. Tan pronto como exista un reglamento colectivo, los partidos del convenio colectivo tienen que dejar cualquier medida de lucha que se oriente contra la existencia de este convenio (lo así llamado componente negativo). Tampoco se debe de incitar a lucha a otros ni apoyar a éstos, si no que por lo contrario están obligados a proceder, con todos los medios permitidos, contra las medidas de lucha que perjudiquen al convenio colectivo (lo así llamado componente positivo).

El deber de influencia regula la influencia de los afiliados de la asociación a la fidelidad tarifaria, lo que significa el comportamiento correcto tarifario y la realización de las medidas acordadas en el convenio colectivo.

24.1.2 La parte normativa del convenio colectivo

El verdadero contenido jurídico laboral del convenio colectivo, crea sus normativas determinaciones. Por lo contrario a la parte de culpabilidad legal, se presentan las instrucciones que corresponden y que regulan en especial las relaciones laborales de los afiliados a las asociaciones participantes, o sea, de los empleados y de los empresarios individuales.

Según los tipos de convenios colectivos se hacen distinciones entre los sueldos de los empleados que trabajan corporalmente (como p. ej. en fábricas o en almacenes) y los sueldos de los empleados que trabajan en oficinas (el trabajo mental) y además diferencia también entre el convenio colectivo marco y la ley básica marco.

Convenio colectivo marco	Remuneración convenio colectivo	Convenio colectivo salarial
Los convenios colectivos marco regulan las condiciones laborales generales como contratación o despido, las modalidades para el cálculo y pago de los sueldos y salarios, el tiempo laboral, las horas extras, la jornada reducida o por turnos, servicio de guardia,disponibilidad, preguntas ref. vacaciones, etc.	El sueldo del convenio colectivo determina la cantidad a pagar por el trabajo realizado. Para el pago del trabajo realizado, no solo cuentan los ingresos correspondientes que el empleado recibe por la prestación de trabajo si no que especialmente lo recibe por aumento de los gastos, dietas, compensación por separación, pernoctación, devolución por kilometraje, viajes de vuelta a casa y otros gastos de viaje.	Los convenios colectivos salariales determinan los métodos de cálculo que establecerá la base de los salarios mínimos. Para esto es de especial importancia la definición de los salarios individuales y de los grupos salariales, como el principio de pagos extras y otras pagas adicionales, pagas para situaciones con dificultades.

Por sus carácteres normativos, los convenios colectivos son como leyes ligadas a los derechos fundamentales. Su contenido no debe atentar contra el derecho a la igualdad (Art. 3 GG), la libertad de coalición (art. 9 III GG) y la libertad de profesión (Art. 12 GG).

La condición para la aplicabilidad de un convenio colectivo para una relación laboral específica es que la relación laboral sea formulada por el ámbito de validez del convenio colectivo (§ 4 I TVG). El ámbito de validez hay que subdividirlo en los aspectos: tiempo, espacio, profesionalidad y particularidad. Para esto, los partidos tienen que estar ligados al convenio. El ligamiento al convenio se dá cuando el empleado y el empresario están afiliados a la asociación que ha negociado el convenio colectivo (§ 3 TVG). De esta manera existe el derecho del empresario a diferenciar entre los ligados al convenio y otros empleados. En este trato diferenciado no existe ningún atentado contra la fidelidad o creencia (§ 242 BGB) o contra la obligación de asistencia o del principio de igual trato.

24.2 El convenio colectivo general obligatorio

Como medio para la expansión del vínculo colectivo, al "outsider" le sirve a la explicación del vínculo general del convenio colectivo. Aquí generalmente se ligarán los empresarios y los empleados a la parte de la normativa del contrato que surja del área de validez, aún así cuando no pertenezcan a algún partido del convenio (§ 5 TVG). Las condiciones son:

- La existencia de un convenio colectivo válido.
- El convenio colectivo tiene que ser ya válido como mínimo para la mitad de los empresarios por pertenecer a la asociación de empresarios.
- La declaración general obligatoria tiene que figurar en los intereses públicos.
- Tiene que existir una solicitud formal de uno de los partidos del convenio colectivo para la declaración del compromiso general.

El ministro de trabajo federal es responsable del proceso de la declaración de obligación general y éste puede traspasar su autoridad al ministro de trabajo del país. Si éste acepta la solicitud, estará obligado a aceptar el comité tarifario que se compone de 3 representantes de empleados y de 3 representantes de empresarios que son nombrados por la asociación organizatoria.

Para terminar con el compromiso general existen las siguientes tres posibilidades:

1. El compromiso general se puede anular por los mismos procesos por los que fué proclamado.
2. El compromiso general finaliza automaticamente con la finalización del convenio colectivo.
3. Si hay un cambio en el convenio mediante los partidos asociados a éste, el compromiso general finaliza para las condiciones que hayan sido cambiadas.

Grupos económicos con convenios colectivos proclamados frecuentemente como compromiso general:

- Construcción de jardines, campiñas y economía forestal.
- Artesanía e industria que trabajen la piedra, la tierra, la cerámica y el cristal.
- Artesanía en el trabajo con la madera.

- Industria de los productos alimenticios.
- El sector de la construcción.
- El comercio.
- El sector de la gastronomía.
- Limpieza y cuidado corporal.
- El sector de la editorial.
- El sector de la vigilancia.

24.3 La inmediatez y la inalienabilidad

Las normas colectivas actúan sobre la relación laboral individual sin que se necesite una declaración de acuerdo de voluntades, confirmación o comunicación a los empresarios y a los empleados asociados al convenio. A este efecto se le llama inmediatez.

Aparte de esto está la inalienabilidad (§ 4 III TVG), lo que significa que los partidos de los convenios colectivos no pueden generalmente tomar determinaciones que no estén incluídas en el convenio colectivo. La libertad de convenio, que normalmente es válida en la vida judicial, estará limitada en este campo. Cada acuerdo que vaya en contra del contendio del convenio colectivo es por norma general nulo.

Se ha eliminado en dos distintos casos la inalienabilidad (§ 4 III TVG):

- Cuando los partidos del convenio hayan aprobado la discordancia del convenio colectivo.
- Cuando en la discordancia exista una mejora para los empleados.

24.4 El vencimiento de los derechos colectivos

La inalienabilidad de los derechos colectivos sigue estando asegurada por medio de la determinación del art. 4 IV TVG, donde una extinción de los derechos tarifarios sólo es posible:

- Por motivos de acuerdos explícitos referentes al convenio colectivo.
- Con la entrada de la prescripción.
- Cuando exista una renuncia en forma de comparación que sea aprobada por los partidos del convenio colectivo. Aquí es indiferente si se trata de una comparación judicial o extrajudicial.

24.5 Finalización del convenio colectivo

El convenio colectivo finaliza por lo siguiente:

1. Si es que se cerró limitadamente con entrada de la fecha al respecto.

2. Mediante el acuerdo de los partidos del convenio colectivo.
3. Siempre que no exista una fijación de plazo mediante la renuncia de uno de los partidos asociados al convenio colectivo.

El convenio colectivo no finaliza mediante la dimisión del empresario de la asociación que ha cerrado el convenio colectivo (§ 3 III TVG).

24.6 Consecuencia del convenio colectivo

El efecto que produce la finalización del convenio colectivo es para el agente social y para el agente social laboral muy diferente. Mientras que los derechos y obligaciones de la parte primera (parte obligatoria) se extingen inmediatamente, para la segunda parte (parte normativa) siguen vigentes los derechos y obligaciones (a lo que se le llama consecuencia del convenio colectivo § 4 V TVG). Las normas de los convenios colectivos siguen siendo vigentes hasta que sean sustituidas por otro acuerdo (acuerdos empresariales o acuerdo de contrato individual).

Si no se llega voluntariamente a un acuerdo sobre la eliminación de las consecuencias, quedaría la rescisión del contrato laboral, sobre todo la modificación del despido.

Pero las consecuencias no se extienden a todas las normas, de manera que el cierre de las normas no tiene ninguna consecuencia (motivación de las relaciones laborales). Las determinaciones de los convenios colectivos solo pueden tener efecto sobre estas relaciones laborales que ya están en vigor y no sobre estas que entran en validez después de la finalización de las determinaciones de los convenios colectivos.

24.7 Ley de delegación de trabajadores (AEntG)

La ley de delegación de trabajadoresz (AEntG) regula los casos de un traslado de empleados de empresas extranjeras a Alemania.

El AEntG tiene como objetivo el que empresas alemanas de las diferentes ramas estén protegidas de cara a la subida de la competencia de gestiones extranjeras.

El AEntG se marca por medio de las siguientes reglas:

- Los empleados trasladados están declarados generalmente obligados a convenios colectivos de cara al salario mínimo, la duración de las vacaciones y la paga extra vacacional. Los empresarios extranjeros están supeditados al procedimiento del dinero vacacional. También están especificados los prestadores.

- Los requisitos mínimos tarifarios también pueden extenderse hasta los empleados enviados a Alemania por medio de un reglamento jurídico.
- Para los empresarios extranjeros es válida la obligación de comunicación, obligación de anotación y la obligación de conservación de sus empleados en Alemania.
- Según la responsabilidad de la empresa general del § 1a AEntG, el empresario se responsabiliza de que las subempresas que para él trabajan paguen el salario mínimo y las cuotas para pagar la organización de los partidos del convenio colectivo.

Las infracciones amenazan con multas de 25.000 € hasta 500.000 €.

Según el § 6 AEntG los mandantes están descartados por un tiempo adecuado para realizar pedidos públicos, a partir de una multa de 2.500 €, hasta que se determine el restablecimiento de su fiabilidad.

El salario mínimo obligatorio, válido por medio del reglamento legal en los convenios colectivos debido a la ley de traslado de empleados, existe de momento en la rama de la electrónica, en la de la construcción, en la de derribos, en la de pintura y lacado, en la de tejados, en la de gestiones postales y en la de la limpieza de edificios.

25 El conflicto laboral

Si los partidos pertenecientes al convenio colectivo no se ponen de acuerdo debido a un conflicto laboral, existe a su disposición el así llamado "conflicto laboral" como método final. El método por parte de los empleados para realizar este conflicto es el hacer huelga y por parte del empresario el método es el paro forzoso de cara a los empleados.

25.1 La huelga

Huelga se llama a la situación laboral planeada conjuntamente de un número de empleados para lograr un determinado objetivo y cuando esta situación termina se vuelve a seguir con el trabajo normalmente. Bajo estos aspectos, la jurisdicción tiene que sobreponer, para la legitimidad de la huelga, las siguientes condiciones:

Organización sindical

Una huelga solo puede ser dirigida por un sindicato con el objetivo de cerrar un convenio colectivo. Si éste no fuera el caso, se trataría aquí de una huelga ilegítima que sería ilegal.

Objetivo de lucha admitible

El objetivo de la lucha debe de tener la finalidad de un convenio colectivo lo que significa que solo puede ser dirigido cuando el punto colectivo es disputable y el sindicato intenta presionar al empresario. Las huelgas ilegales son aquellas que tienen objetivos políticos, demostrativos para presionar al gobierno o por simpatía a terceros.

Consideración del deber de paz

La huelga está solo permitida cuando la paz ya no exista. Mientras que el convenio colectivo sea válido estarán prohibidas las medidas de conflicto laboral. La misma validez tiene cuando se acordara entre los partidos del convenio colectivo un ente de arbitraje que arregle los conflictos tarifarios. Los plazos acordados en tal acuerdo hay que cumplirlos antes de introducir la huelga.

El principio de necesidad

Es válido como principio el así llamado "principio ultima ratio" lo que significa que solo se puede hacer huelga cuando los acuerdos tarifarios fracasen, o sea, cuando los sindicatos no puedan llegar a un acuerdo con el empresario o con la asociación de empresarios. El fracaso no necesita ser explicado oficialmente y antes de que fracasen los acuerdos se puede dar un corto aviso de huelga (lo que sería un gesto amenazable).

Juego limpio

La huelga debe de ser llevada a cabo según las reglas de un juego limpio y no debe de tener el fin de destruir al contrario. En el principio de juego limpio no entra el ofender la verdad o la incitación por propaganda a pelea y la amenaza o la utilización de la violencia. Las infracciones premeditadas a un sindicato contra los principios harán que la huelga no tenga validez.

Al principio de un juego limpio le sigue también la obligación del sindicato a organizar un servicio de emergencia cuando éste sea necesario para evitar daños mayores o para la seguridad pública. Junto con el servicio de emergencia pertenecen sobre todo los trabajos de conservación necesarios para mantener los medios de servicio.

El restablecimiento de la paz laboral

Después de una huelga, los dos partidos tienen que hacer lo posible para restablecer lo antes posible la paz laboral.

La consideración de la prohibición legal de conflictos

Una huelga no debe infringir las leyes, de esta manera la huelga de un régimen empresarial jurídico (§ 74 II BetrVG) y una huelga de funcionarios es ilegal (§ 33 V GG).

25.2 El cierre patronal

El cierre patronal es el objetivo de planificar un conflicto de uno o mas empresarios de la exclusión del trabajo limitado o ilimitado de todos o de una gran parte de los empleados. Un cierre patronal que solo se dirija a los afiliados de un sindicato pero que deja libres a los empleados es ilegal (infracción contra la libertad de coalición).

Para la legitimidad son válidos los mismos principios que para una huelga:

- Para el cierre patronal es necesario alcanzar el objetivo del conflicto y por consiguiente de la paz laboral y este medio debe de ser el último al que se recurra.
- Hay que considerar las reglas para un conflicto justo; el cierre patronal no puede tener como objetivo la destrucción del contrario.
- El terreno tarifario tiene que ser visto regularmente como un campo de batalla limitado. Para equilibrar la negociación no es necesario por re-

gla general una extensión del terreno de conflicto mediante un cierre patronal.

- La suma de los empleados parados forzosamente tiene que ser proporcional con la suma de huelguistas.

Después de la finalización del cierre, los dos partidos tienen que hacer lo posible para restablecer lo antes posible la paz laboral.

En un cierre patronal hay que distinguir si después de haber conseguido el objetivo se va a volver a tomar a los empleados (suspensión del cierre patronal) o si se ha de negociar la toma de los empleados (resolución del cierre patronal).

La resolución del cierre patronal es, por lo contrario a la suspensión del cierre patronal, el medio de conflicto por parte del empresario y tiene, según su principio, solo válidez cuando la suspensión del cierre patronal parezca no bastar para alcanzar el objetivo económico del empresario.

25.3 La repercusión en la relación laboral

La repercusión de conflicto laboral en los derechos y obligaciones del contrato laboral de los partidos depende de si cada una de las medidas tomadas en el conflicto laboral eran legales o no.

La relación laboral no será resuelta mediante una huelga legal sino que sólo será suspendida (los derechos y obligaciones de las dos partes descansan):

- Los empleados que hayan participado en la huelga no recibirán su salario.
- Las vacaciones finalizan con la participación en la huelga. Si un empleado se va de viaje mientras que dura la huelga y ésta termina antes de su vuelta, pues esta falta al trabajo contará como falta sin haberse excusado. La paga extra vacacional no será pagada por la parte de tiempo que dure la huelga.
- Durante una emfermedad no existirá ningún derecho a remuneración para los huelguistas.
- Las mujeres huelguistas que estén disfrutando de vacaciones por maternidad, no tendrán ningún derecho a ayuda económica por parte del empresario.

La participación de los empleados en una huelga legal no autoriza al empresario a realizar despidos sin aviso y la participación en una huelga legal tampoco autoriza al empleado huelguista a estropear la propiedad del empresario o a agredir a directivos o a empleados dispuestos a trabajar. También está prohibido el impedir la entrada o la salida de mercancías y el impedir que los empleados que quieran trabajar entren a la empresa, así como intentar convencer a algún empleado para que participe en la huelga.

Si la huelga es ilegal, se producirá el derecho a omisión y por último, derecho a indemnización por daños entre los dos partidos.

Un empleado que participe en una huelga ilegal lleva a cabo al mismo tiempo una infracción del contrato laboral y el empresario le puede despedir por este motivo sin previo aviso cuando el empleado haya negociado culpablemente; lo que significa, cuando él supo de las circunstancias por las que se produjo la huelga eran ilegales. El empresario puede invocar sus derechos de indemnización por daños contra los sindicatos que participaron culpablemente en una huelga ilegal.

Durante la suspensión del cierre patronal descansan las obligaciones generales de las dos partes del contrato laboral. Después de la finalización del cierre patronal, el empresario tiene que deshacer la suspensión en la medida de las posibilidades de la empresa y volver a permitir trabajar a los empleados suspendidos. Durante la suspensión del cierre patronal, cada empleado puede dar de baja si quiere su relación laboral con o sin preaviso. El KSchG no encuentra ninguna aplicación, según el § 23 KSchG, en la rama de conflictos laborales y el § 9 MuSchG tampoco es válido.

Aún cuando se finalizara la relación laboral mediante una suspensión de cierre patronal proximamente válida, el empresario solo podría rechazar el volver a contratar a los empleados si es que él lo considerara apropiado. Por norma general, ésto es solo el caso en que el puesto de trabajo del empleado afectado haya sido ocupado por otra persona o haya dejado de existir por medidas empresariales.

En caso de un cierre patronal ilegal dejan de tener validez todos los derechos y obligaciones del contrato laboral; lo que significa que el empleado tiene derecho a ser ocupado y a ser pagado. Si el empresario se negara a ocupar a los empleados entrará en estado de demora de recepción y el empleado tendrá derecho a remuneración según el § 615 BGB. Junto con el derecho a remuneración le pertenece al empleado el derecho a darse de baja en la empresa procedente o inprocedentemente.

25.4 Consecuencias juridícas a terceros

Las relaciones laborales de los empleados que no participen en una huelga seguirán existiendo sin cambio alguno. Si el empleado no puede realizar su trabajo debido a la huelga, le será exigido el realizar otro tipo de tareas razonables. Ésto no es válido para los así llamados „trabajos de rompehuelgas“ (»Streikbrecherarbeiten«), lo que significa: tareas que normalmente serían realizadas por los huelguistas. Los empleados que quieran seguir trabajando pero la huelga hace que no puedan realizar trabajo alguno, no tendrán derecho a cobrar su sueldo (p.ej.: por consecuencia de una huelga parcial toda la empresa sufre las consecuencias).

Las consecuencias de los conflictos laborales también se pueden extender a terceros que no participan en estos conflictos directamente.

Los empleados de las empresas no huelguistas, que por causa de la huelga no puedan ser ocupados (p.ej.: falta de material), no tendrán ningún derecho a remuneración en el tiempo que dure el paro cuando las consecuencias de la huelga puedan influenciar a las empresas no huelguistas la proporción de fuerzas de los partidos conflictivos líderes (p.ej.: cuando las asociaciones correspondientes a las empresas directamente afectadas, son idénticas a los partidos conflictivos líderes o que están estrechamente asociados por la parte organizadora). En la determinación de aquellos empleados que abandonen el volumen de trabajo, le pertenece al comité empresarial un derecho a participación (§ 87 I Nr. 2, 3 BetrVG). Este derecho a participación se suprimirá debido a la obligación de neutralidad en el conflicto laboral (§ 74 II BetrVG) cuando parte de los empleados representados por el comité empresarial hagan ellos mismos huelga.

Si los empleados afectados a distancia reciben dinero o no por el corto tiempo de trabajo depende de si los empleados afectados trabajan en una empresa clasificada en cuanto al espacio y al campo de aplicación profesional de la disputa del convnio colectivo (§ 146 I SGB III).

Igualmente no existe derecho a prestación (§ 146 III SGB III) cuando:

1. Cuando los empleados afectados trabajan en una empresa que no está clasificada territorialmente en el convenio colectivo, pero sí en el terreno profesional de aplicación.
2. Surja una exigencia que fuera una exigencia general de lucha laboral que sea igual en modo y volumen a la exigencia general del conflicto laboral pero no tiene que coindicir completamente con ésta.
3. Parezca que el resultado del conflicto laboral (en la extensión del campo de aplicación del convenio colectivo que no esté en conflicto) haya sido aplicado principalmente (lucha laboral de representantes).

25.5 El conflicto laboral y la constitución empresarial

Los empresarios y los comités laborales no pueden tomar medidas de ofensiva en el conflicto laboral contra ellos mismos (§ 49 BetrVG). El comité laboral no está impedido mediante su organismo oficial a participar como empleado en una huelga proclamada por un sindicato.

Los derechos de participación del comité empresarial descansan durante un conflicto laboral, a pesar de que se haya participado en la huelga. Por lo tanto, durante una huelga, los cambios en el orden laboral como medidas personales etc., son libres de participación mientras que sean necesarias debido al conflicto laboral.

La admisibilidad de reuniones empresariales durante una huelga depende de si será mantenida la paz empresarial. Las reuniones que inciten a huelga no son reuniones empresariales.

26 La judicatura del trabajo

La jurisdicción laboral forma una rama de la jurisdicción civil general que ha sido desviada y que ahora es una rama autónoma de la jurisdicción. Junto con el principio del régimen judicial total, existen ordenanzas especiales de la ley jurídica laboral (ArbGG), que por parecerse al procedimiento de la jurisdicción civil general se remite múltiplemente a la ley constitutiva del jurado de la empresa (GVG) y a la ley de procedimiento civil (ZPO). Material legal es sobre todo la indicación de observar las ordenanzas del ZPO sobre la limitación de embargo de la renta laboral (§§ 850 y siguientes ZPO).

La ley del tribunal laboral regula en primer lugar la responsabilidad del tribunal laboral, la estructura de éste, la manera de proceder y la habilidad del partido y de la representación en jucio.

26.1 Los juzgados para temas laborales

Los juzgados para temas laborales (ArbG) son los juzgados laborales de una comunidad (LAG) y el tribunal laboral federal (BAG) (§ 1 ArbGG). En vista a la organización, los juzgados laborales dependen del ministerio laboral y social.

Los juzgados para temas laborales son en las tres instancias juzgados colegiales, que están ocupados tanto por magistrados como por jueces honoríficos. Las decisiones y disposiciones que pasan a tratarse oralmente, sólo las puede dictar el director. Los magistrados que son directores tienen que tener la habilitación de la magistratura. En los juzgados colegiales siempre hay trabajando dos jueces honoríficos, aunque cada uno tiene que proceder del círculo del empresario y del círculo del empleado. Los jueces honoríficos serán nombrados por 5 años por propuesta de la asociación de empresarios y de la asociación de empleados (§§ 16 II, 35 II ArbGG).

Los juzgados laborales (ArbG) son en todos los casos juzgados de primera instancia (§ 8 I ArbGG). Los juzgados laborales del país (LAG) son el más alto tribunal de un país, e igual que los juzgados laborales, éstos están divididos en cámaras y en él trabajan un director y dos jueces honoríficos y éstos son en segunda instancia responsables de:

- Recurrir contra veredictos del juzgado laboral (ArbG) (§ 8 II ArbGG).
- Quejarse contra las decisiones del juzgado laboral(ArbG) (§ 8 IV ArbGG).

El BAG es la tercera y última instancia de la jurisdicción laboral. Está partido en senados y en cada senado debe haber cinco jueces: el director, dos magistrados y dos jueces honoríficos. Por lo contrario del ArbG y del LAG aquí predominan los magistrados (§ 41 II ArbGG).

El BAG es responsable de:

- Revisiones contra los veredictos del LAG y la casación por salto contra los veredictos de los juzgados laborales (§§ 8 III, 72, 76 ArbGG).
- Quejas inmediatas contra el rechazo de la apelación (§ 77 ArbGG).
- Recursos de legitimidad contra las decisiones del procedimiento de conclusión (§§ 8 V, 92 ArbGG).
- La inadmisión de quejas o de recurso de legitimidad (§§ 72a, 92a ArbGG).

26.2 Clases de procedimientos

El procedimiento jurídico laboral indica algunos casos especiales de cara a otros procedimientos jurídicos, en los que las necesidades del juicio jurídico laboral están considerados. Los tribunales laborales también están representados con jueces honoríficos; en la primera instancia no existe obligación de abogados y para el partido supeditado no existe ninguna obligación a cargar con los gastos del contrario. También existe la particularidad de que poco después de la presentación de la demanda tiene lugar el así llamado "juicio de confirmación" (Güteverhandlung) en el que se intentará zanjar la pelea amigablemente.

El ArbGG diferencia 2 clases de procedimientos:

- El procedimiento de sentencia.
- El procedimiento de resolución.

Predomina el procedimiento de sentencia (§§ 46 ff. ArbGG). Aquí decide generalmente el juzgado sobre los derechos entre el empresario y el empleado que resultan de la relación laboral. La decisión pasa en forma de sentencia. Este procedimiento se parece con alguna excedencia al procedimiento civil y a la audiencia provincial.

Las 5 particularidades del procedimiento de sentencia del tribunal laboral

Regla de aceleración (§ 9 I ArbGG)	Procedmiento preconectado de conciliación (§ 54 ArbGG)	Colaboración en la cesión de jueces (§ 20 y siguientes ArbGG)	Procedimiento económico, primera instancia sin cargo de gastos (§§ 12, 12a ArbGG)	Representación especial del procedimiento (§ 11 ArbGG)

En el procedimiento de resolución se decidirá ante todo sobre la utilización y la interpretación del BetrVG (§§ 80 y siguientes ArbGG). En lugar de los partidos que se disputan, acudirán los "participantes". La decisión se tomará mediante una resolución. Este procedimiento apenas se parece al procedimiento contencioso civil.

Las dos clases de procedimientos se distinguen porque en el procedimiento de sentencia son válidos los mismos principios de procedimiento que en un juicio civil. Por lo contrario, en el procedimiento de resolución, el tribunal laboral examina el estado de la situación en lo que concierne a las demandas de las magistraturas (principio de investigación).

Índice alfabético

Korenke

Das deutsche Sozialversicherungsrecht **Kompaktwissen für die Praxis**

Das deutsche Sozialversicherungsrecht umfasst die fünf verschiedenen, im Sozialgesetzbuch kodifizierten Zweige der Sozialversicherung. Das sind die Arbeitslosenversicherung, die gesetzliche Kranken-, Renten- und Unfallversicherung sowie die soziale Pflegeversicherung. Das Sozialversicherungsrecht dient ebenso wie das Arbeitsrecht in erster Linie dem Schutz der abhängig Beschäftigten. Allerdings sind die Rechtsbeziehungen zwischen den Trägern der Sozialversicherung (Bundesagentur für Arbeit, Kranken- und Pflegekassen, Berufsgenossenschaften, Rentenversicherung etc.) öffentlich-rechtlicher Natur.

Der vorliegende Titel gibt einen praxisorientierten Überblick über die wichtigsten Begriffe und Institute der Sozialversicherung. Ausführlich behandelt werden vor allem die Ansprüche der Versicherten auf Arbeitslosen- und Krankengeld, auf Rente wegen verminderter Erwerbsfähigkeit, auf Verletztenrente nach einem Arbeitsunfall sowie auf Pflegegeld. Überdies werden in dem jeweiligen Kontext die Rechtsmittel des Widerspruchs und der Klage beim Sozialgericht dargestellt.

ISBN 978-3-941388-03-1 Preis der Printausgabe: 19,80 €

Pulte

Beteiligungsrechte des Betriebsrates außerhalb der Betriebsverfassung

Kompaktwissen für die Praxis

Die betriebliche Mitbestimmung der Arbeitnehmer regelt das Betriebsverfassungsgesetz. Darin ist die Zusammenarbeit zwischen Arbeitgeber, Belegschaften, Betriebsrat, Gewerkschaften und Vereinigungen des Arbeitgebers festgelegt. Es beinhaltet die Regelungen von der Wahl des Betriebsrats als Interessenvertretung der Arbeitnehmer über seine Aufgaben bis zu seinen Rechten. Geregelt werden darin im Einzelnen Informations-, Anhörungs- und Mitwirkungsrechte des Betriebsrats.

Neben den Regelungen im Betriebsverfassungsgesetz sind in zahlreichen anderen Gesetzen, Verordnungen und Anordnungen Rechte und Pflichten des Betriebsrates geregelt bzw. dessen Einbeziehung vorgesehen.

In der Reihe „Kompaktwissen für die Praxis" wird eine neue Übersicht veröffentlicht, die nach Sachgebieten geordnet den wesentlichen Regelungsinhalt beinhaltet.

ISBN 978-3-941388-01-7 Preis der Printausgabe: 19,80 €

http://www.vprm.de

Pulte

Das deutsche Arbeitsrecht

Kompaktwissen für die Praxis

In erster Linie will das Arbeitsrecht die Rechtsbeziehungen zwischen Arbeitgeber und Arbeitnehmer - den Parteien des Arbeitsrechts - und deren Organisationen und Interessenvertretern regeln. Darüber hinaus dient es dem besonderen Schutz aller in abhängiger Tätigkeit stehender Personen. Im Vordergrund des Arbeitslebens steht der Mensch mit seiner persönlichen Arbeitsleistung.

Der Titel vermittelt kompakt und übersichtlich die vielseitigen Facetten des Arbeitsrechts. Von der Einstellung über die Durchführung bis zur Beendigung des Arbeitsverhältnisses werden alle Aspekte dargestellt, die in einem Arbeitsleben auftreten können. Aber auch die kollektivrechtliche Seite Betriebsverfassung, Tarifordnung, Streikrecht, das Arbeitsschutzrecht und das arbeitsgerichtliche Verfahren sind in die Darstellung aufgenommen worden.

Das Buch aus der Reihe „Kompaktwissen für die Praxis" bietet sich somit sowohl zum Studium als auch für die praktische Orientierung als ein bedeutsames Hilfsmittel an.

ISBN 978-3-941388-00-0 Preis der Printausgabe: 19,80 €

Bontrup, Hansen

Personalmanagement

Kompaktwissen für die Praxis

Das Buch Personalmanagement ist eine Aufsatzsammlung von prominenten WissenschaftlerInnen und PraktikerInnen.

Neben Fragen der Personalplanung und des Personal- controllings werden das Problemfeld der Führung im Unternehmen sowie die Theorie und Praxis aktueller Manage- mentkonzepte zur Modernisierung der Arbeitsorganisation angesprochen. Weitere Aufsätze beschäftigen sich mit einem internationalen Vergleich der Arbeitszeitorganisation im Betrieb und mit der theoretischen Analyse des Arbeitsentgeltes in Form eines volks- und betriebswirtschaftlichen Diskurses.

Den Abschluss des Buches bildet ein Beitrag zur Unternehmenskultur, Partizipation und Mitbestimmung.

Die vorgelegte Aufsatzsammlung eignet sich sowohl für Studierende der Wirtschaftswissenschaft mit den Schwer- punkten Arbeitsökonomie und Personalbetriebswirtschafts- lehre als auch für Praktiker im Bereich des Personal- management sowie für unternehmerische und betriebliche Mitbestimmungsträger.

ISBN 978-3-941388-17-8 Preis der Printausgabe: 19,80 €